Publicado en Gran Bretaña
Por Outset Publishing Ltd

Primera edición publicada en noviembre 2020

Escrito por Lexi Rees
Ilustrado por Molly O'Donoghue

© Lexi Rees 2020

Lexi Rees ha establecido su derecho bajo el Acta 1988 de Patente, Diseños y Copyright a ser identificada como autor de esta obra.

Todos los derechos reservados. Ninguna parte de esta publicación puede ser reproducida, almacenada en un sistema de recuperación o transmitida, en cualquier forma o por cualquier medio, sin el permiso previo por escrito del editor, ni circular de ninguna otra manera en ninguna forma de encuadernación o tapa que no sea aquella en la que se publica y sin una condición similar que incluya esta condición para ser impuesta al comprador subsiguiente.

ISBN: 978-1-913799-09-0

www.lexirees.co.uk

¿Cómo usar este diario?

Las búsquedas del tesoro son DIVERTIDAS.

Dibujar es DIVERTIDO.

Ambas actividades nos animan a mirar el mundo a nuestro alrededor con lupa.

Son también una forma de practicar la atención, tomar consciencia del momento presente y notar cosas que de otra manera se nos escaparían. A través del dibujo, nos enfocamos en ellas y nos damos tiempo para apreciarlas.

Cada una de las búsquedas del tesoro tiene una grilla con nueve pequeñas casillas.

Tu desafío es completar cada casilla con un dibujo diferente relacionado con el tema.

No te preocupes por hacer un dibujo perfecto – ¡es una búsqueda del tesoro, no una competencia artística!

¿Cuántos puedes completar?

¡A divertirse!

Lexi y Molly

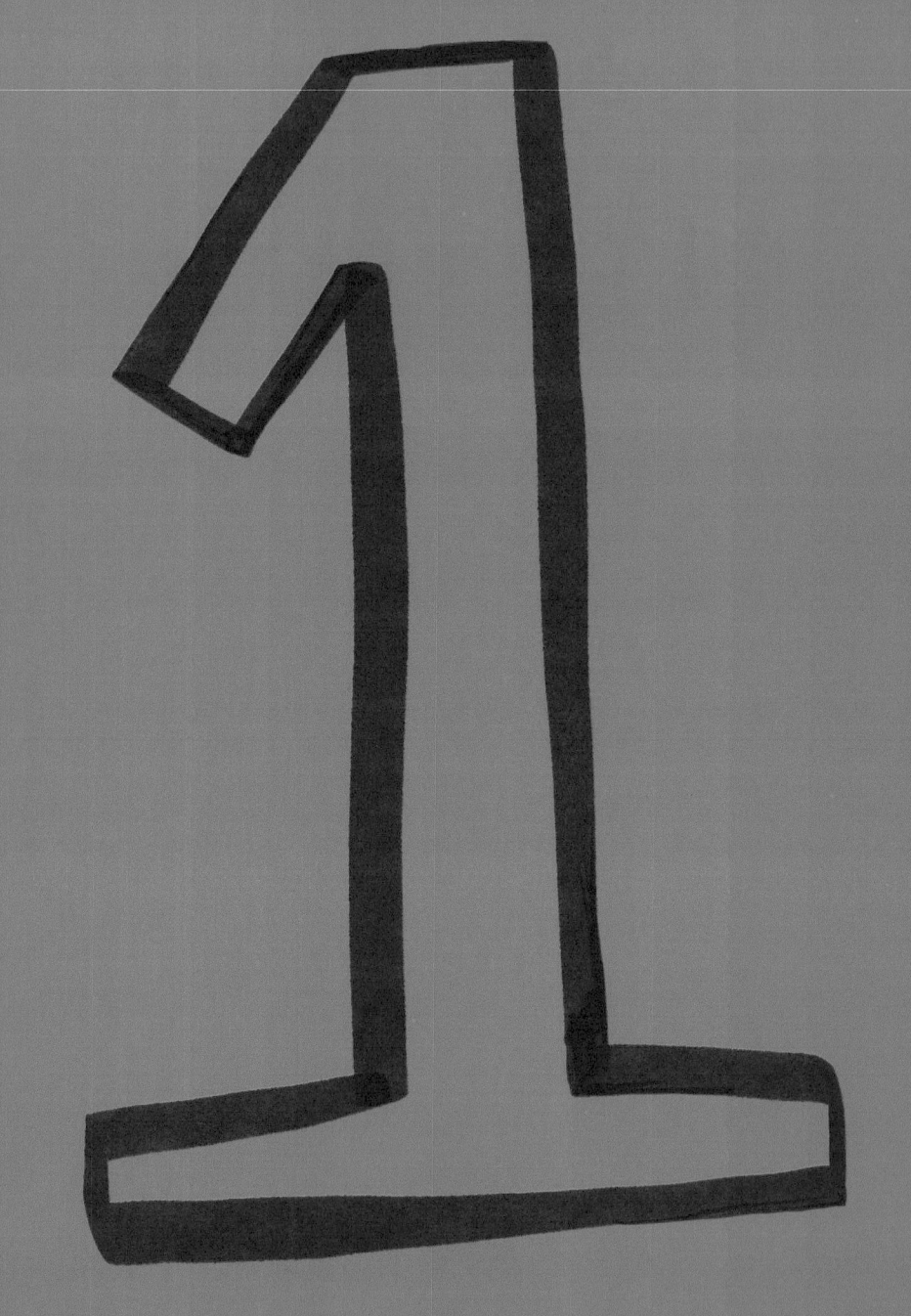

Mi dormitorio

Podrías dibujar los muebles, pero para volver esta búsqueda del tesoro más difícil, busca cosas más pequeñas.

Párate en el medio de la habitación y gira lentamente.

¿Qué ves?

Una lámpara, cortinas, una alfombra, una estantería…

¿Puedes ver cosas más pequeñas?

Un interruptor de luz, un enchufe, una bombilla, un gancho para colgar la ropa…

Vistas desde la ventana

Para esta búsqueda del tesoro, empieza dibujando la vista desde cada ventana de tu casa.

Nota cómo la perspectiva es levemente diferente desde cada habitación. Si tienes espacio libre en la grilla, ¿por qué no usar las vistas de la casa de un amigo o amiga?
O de tu aula en la escuela.

(Pero no te pongas a dibujar en clase.)

Tazas y jarros

¿Cuántos estilos y formas diferentes puedes hallar?

Tendrás puntos extra si dibujas vajilla rota – las cosas no necesitan estar en óptimas condiciones para que valga la pena dibujarlas.

¡Por favor no rompas nada! ¡No queremos meternos en problemas! :)
Molly y Lexi

Vasos

Vasos largos, vasos cortos, elegantes vasos de cristal, copas de vino, vasos para cocktails.

Ya estábamos preocupadas con la vajilla, ¡pero ahora estamos más preocupadas por los vasos! Por favor, no rompas nada. :)
Molly y Lexi

Libros

¿Estanterías repletas?
¿Mesas de luz con pilas enormes?
¿Libros sobresaliendo de las mochilas de las escuela?
¡Tal vez incluso en el baño!

Para completar esta búsqueda del tesoro, puedes dibujar todos los diferentes lugares donde hay libros en tu casa o copiar tus portadas de libros favoritas. Tú decides.

Chucherías

Para completar este desafío, junta objetos curiosos y arma una colección.

¿Alguna vez has prestado atención a los adornos y chucherías que tu familia ha coleccionado a lo largo de los años?

¿Suvenires de las vacaciones?

¿Objetos con formas raras que hiciste cuando eras pequeño?

¿Portarretratos elegantes?

Cuadros y pinturas

¡Inspírate con los artistas más famosos del mundo! ¿Puedes crear tus propias versiones de algunas de sus pinturas?

Los girasoles de Van Gogh, las bailarinas de Degas, los paisajes de Constable, los nenúfares de Monet, los autorretratos de colores vibrantes de Frida Kahlo, los relojes que se derriten de Dalí.

Macetas con plantas

Si a tu familia le gusta la jardinería, tal vez puedas completar este desafío en tu propia casa o jardín.

No todo está perdido si luchas para que un cactus viva.

Mientras caminas por la calle, presta atención a los canteros de las ventanas. ¿O tal vez una maceta en la puerta de entrada?

O la próxima vez que estés en un café o restaurante, mira si usan plantas como decoración. Pon atención: ¿son plantas reales o plásticas? A veces puede ser difícil diferenciarlas.

Mis cosas

Juguetes

Hay muchas opciones aquí, pero puedes hacer que el desafío sea un poco más difícil si eliges una temática:

Mis juguetes favoritos

Juguetes que inventaría si fuera un diseñador

Juguetes para bebes

Juguetes de madera

Juguetes con los que ya no juego

Ropa

Puedes dibujarlas desplegadas, dobladas sobre un estante o en un cajón, ¿o en una percha?

Si te cuesta elegir, ¿por qué no elegir una temática?

Tu ropa favorita

Ropa de verano

Ropa de invierno

Ropa con patrones

El tip de Molly
Prueba usar sombreados para que se noten las arrugas y pliegues de la ropa.

Medias

A lunares o rayadas.
Con bolados o elegantes.
Viejas y apestosas.

(tal vez mejor si dejas estas últimas en el canasto para lavar)

El tip de Molly
Agrega líneas onduladas para las medias más apestosas o flores para las que acaban de salir de la lavadora.

Zapatos

Hay tantos estilos diferentes para elegir:

Botines de futbol

Zapatillas de ballet, zapatos de escuela

Botas de lluvia, zapatillas para entrenar, chanclas

Zapatos de taco alto, botas altas, zapatitos de bebé

Para que esta búsqueda del tesoro sea más difícil, encuentra diferentes tamaños y estilos para cada casilla.

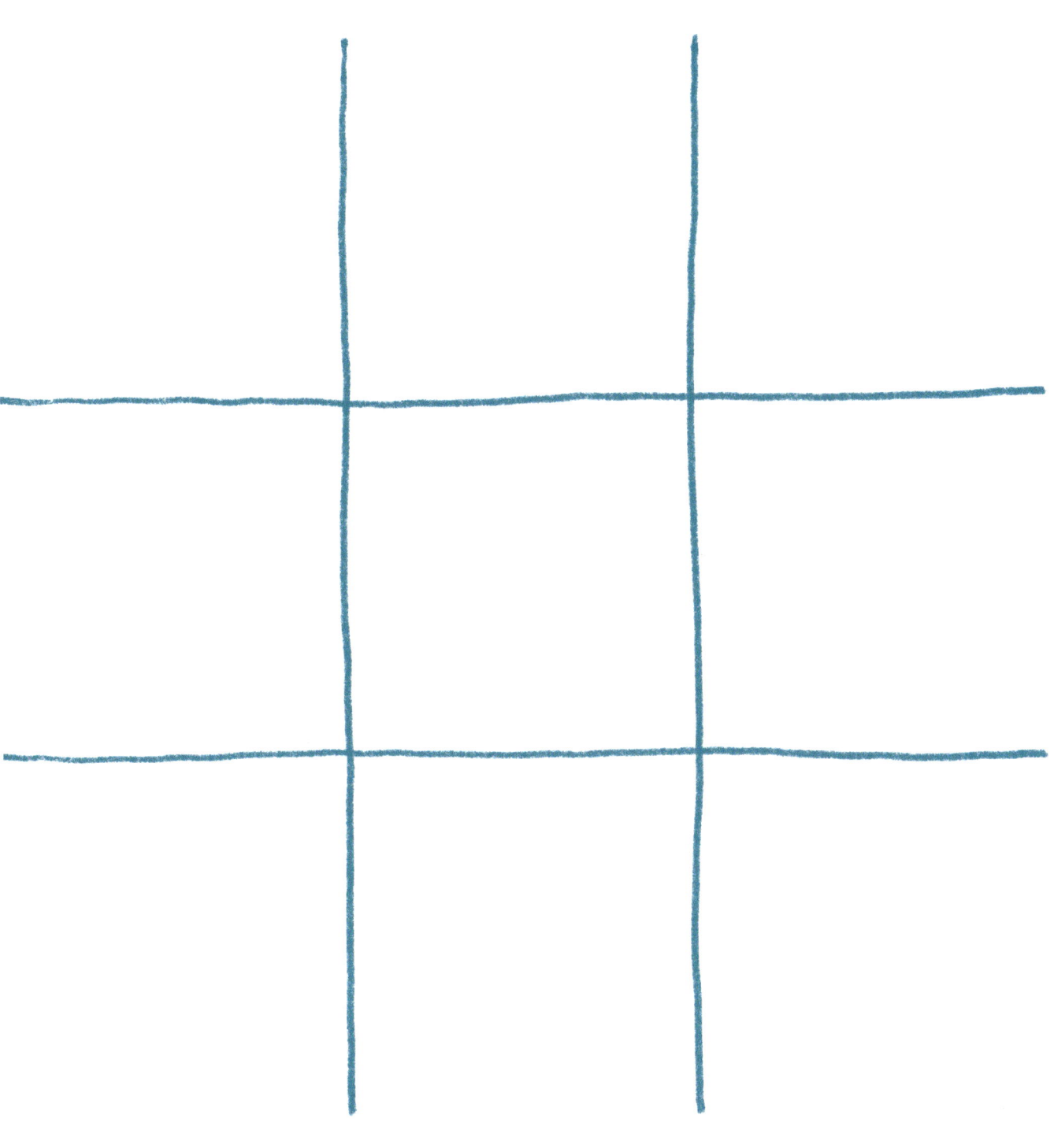

Bolsos

Para este desafío, podrías comenzar con tu mochila de la escuela.

¿Tal vez una bolsa del supermercado que rebalsa de compras?

¿O el bolso favorito de tu mamá?

¿La valija grande con rueditas que llevas de vacaciones?

¿Un bolso embarrado con la ropa de fútbol dentro?

Prendedores y botones

Hay botones de todo tipo, color y tamaño. ¿Puedes encontrar algunos botones inusuales?

¿Alguna vez has mirado con atención los botones de un par de jeans? Normalmente tienen algo escrito. ¿Qué dice?

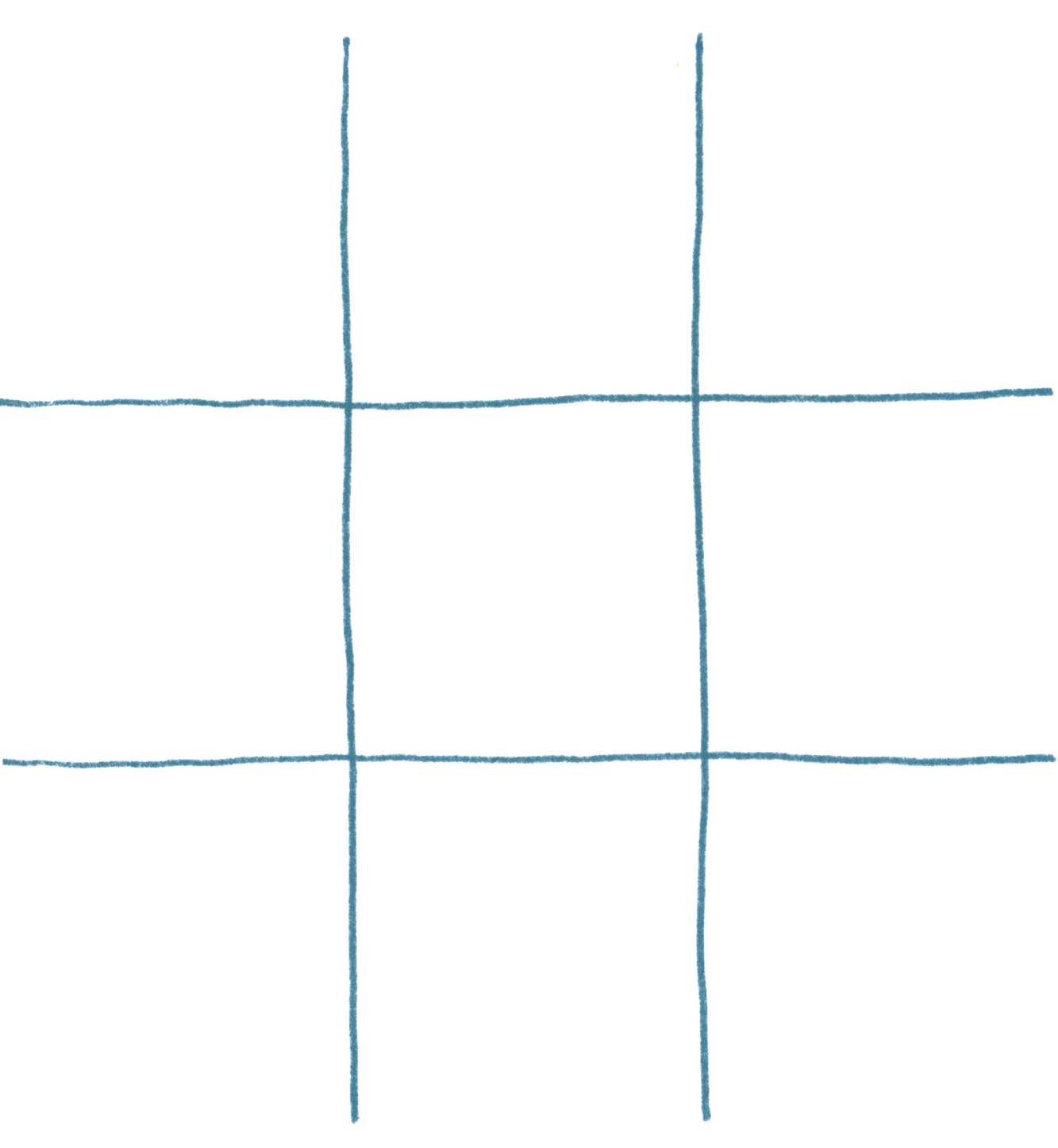

Joyas y gemas

La mayoría de las personas no tienen una tiara de diamantes (tal vez tú sí), pero ¿qué cosas brillantes puedes encontrar?

El tip de Molly
Pon la gema contra la luz y ve cómo brilla. Pon formas de pequeños diamantes en tu dibujo para mostrar cómo resplandece la gema.

3

Afuera

Puertas de entrada

¿Puedes encontrar puertas interesantes?

Busca aldabas elegantes, paneles de vidrio, paneles de madera, buzones. O toma distancia y busca puertas de entrada con porches decorados o escaleras.

No te olvides de mirar también a los negocios, oficinas, iglesias y otros edificios, además de las casas.

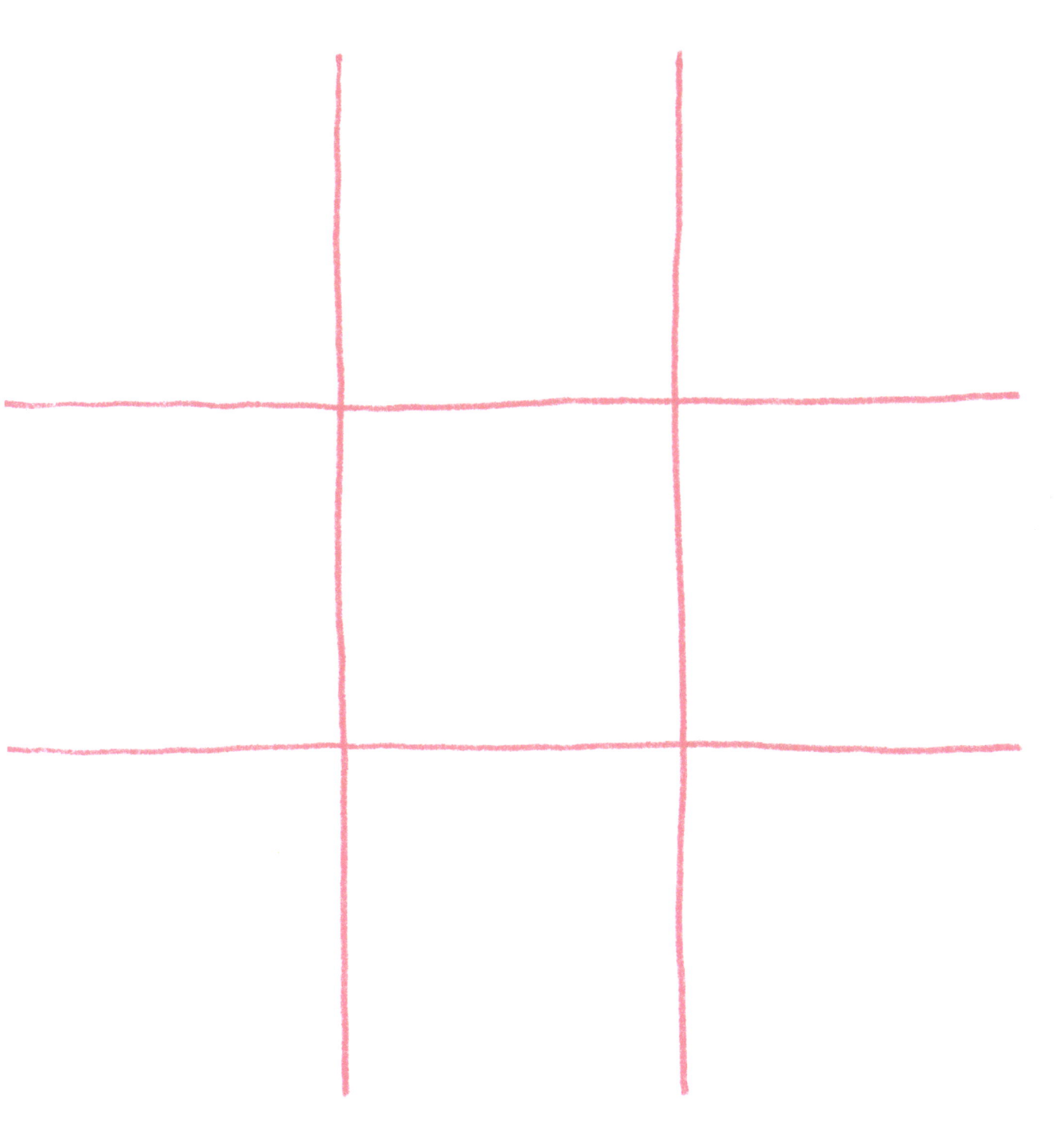

Ventanas

Normalmente estamos tan ocupados viendo a través de la ventana que olvidamos fijarnos en la ventana misma.

Concéntrate y encuentra detalles únicos como los pomos y pestillos. Si vives cerca de una iglesia, tal vez puedas descubrir vitrales con diferentes patrones y formas.

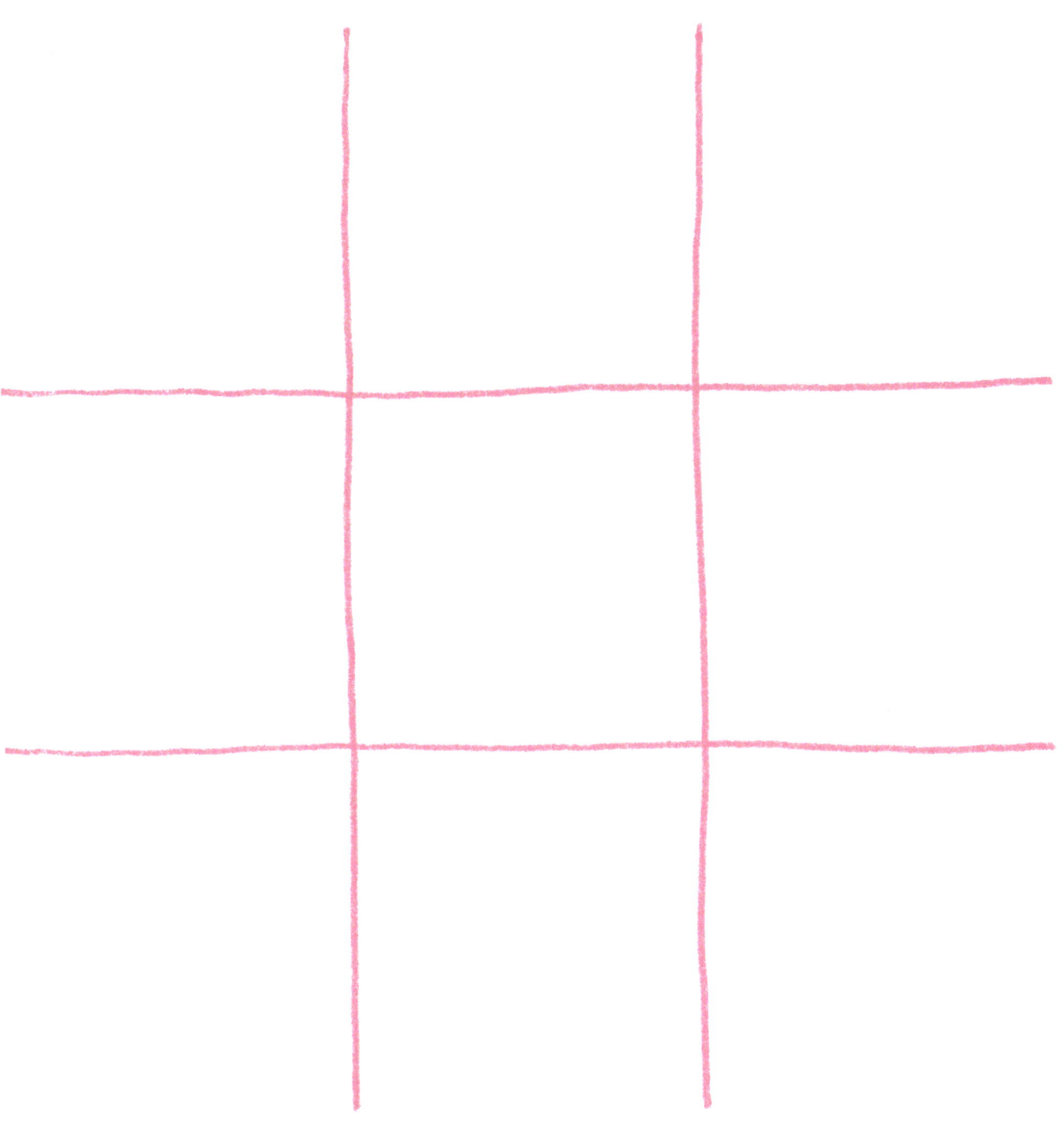

Azoteas

Tendrás que subir las escaleras para completar esta búsqueda del tesoro. ¡Unos binoculares serán de mucha ayuda!

Muchos de nosotros tenemos tejas de pizarra o cerámica, pero tal vez vivas en un lugar con techos de paja.

¿Llegas a ver las tejas de la cumbrera? ¿Hay algún pináculo?

Línea del horizonte

Para obtener puntos extra en esta búsqueda del tesoro, busca características distintivas como agujas de iglesias o torres, árboles altos y rascacielos.

Fachadas de negocios

La próxima vez que vayas de compras, presta atención a los diferentes negocios y sus fachadas.

¿Cómo son los escaparates?

En los vidrios, ¿hay calcomanías que digan "Rebajas" o decoraciones especiales por las fiestas?

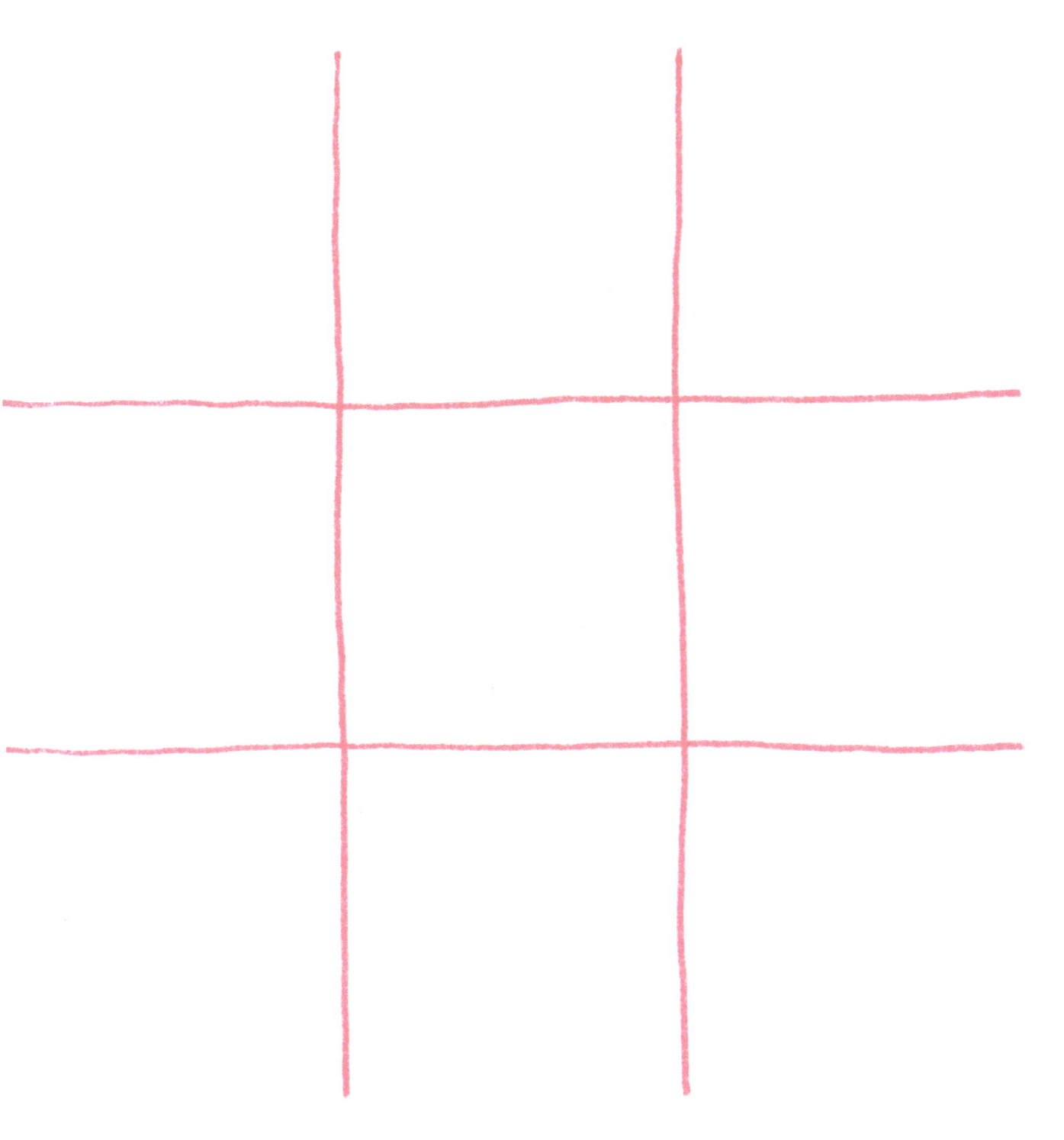

Cercas, verjas y portones

Desde verjas que están hechas de hierro y son sinuosas a las cercas rústicas y de roble, ¿cuántos estilos diferentes puedes encontrar?

Algunas son muy sencillas y otras muy decoradas.

¿Dónde has visto el portón más colorido?

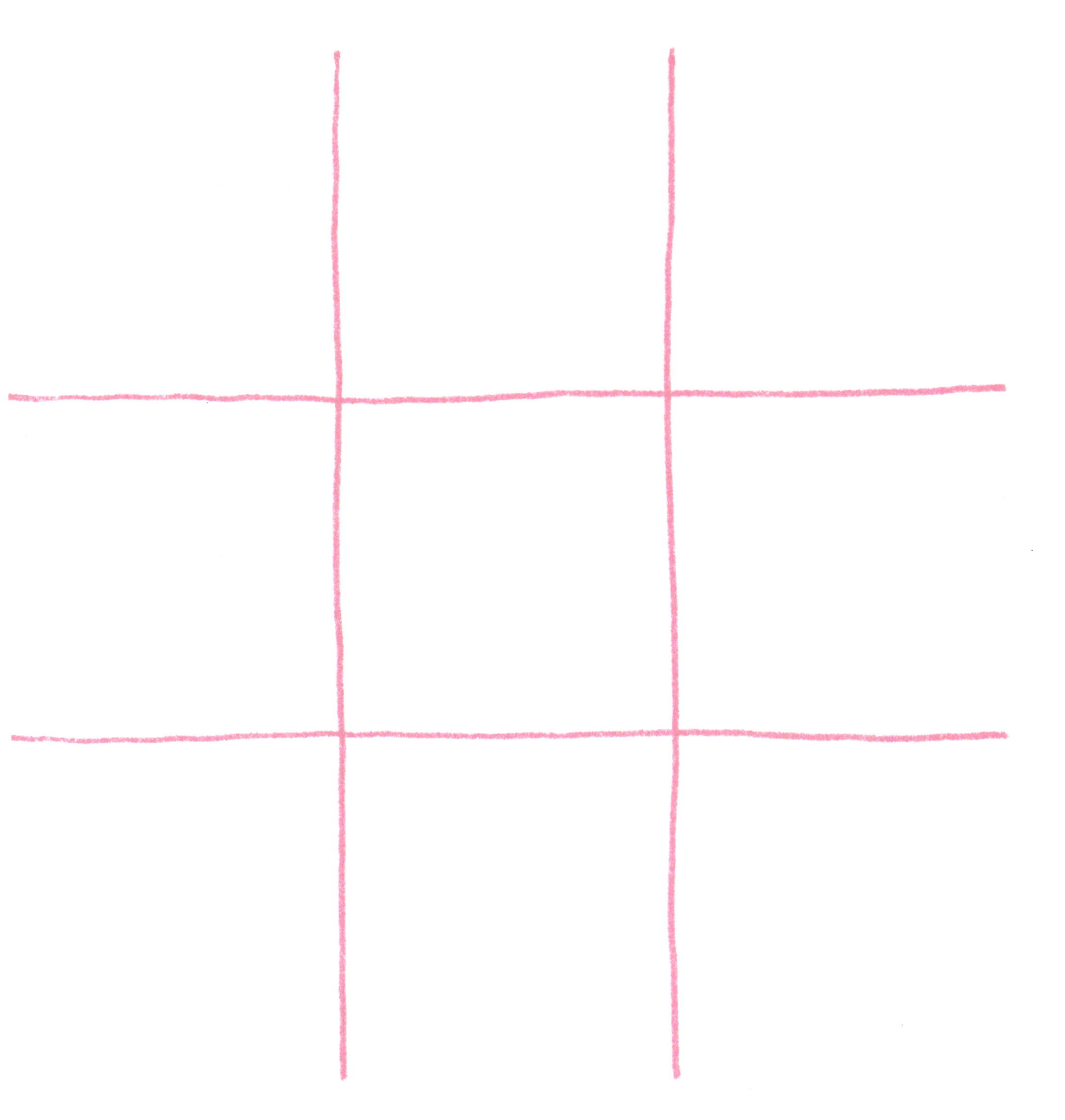

Vehículos

Autos, buses, camiones, furgonetas, tractores...

Si tiene un motor, ¡entonces entra en esta búsqueda del tesoro!

Gente

Familia

¿Puedes encontrar fotos viejas de tus antepasados?

Fíjate si puedes encontrar similitudes entre ellos y tú o tus hermanos o hermanas.

¡Eso es la genética!

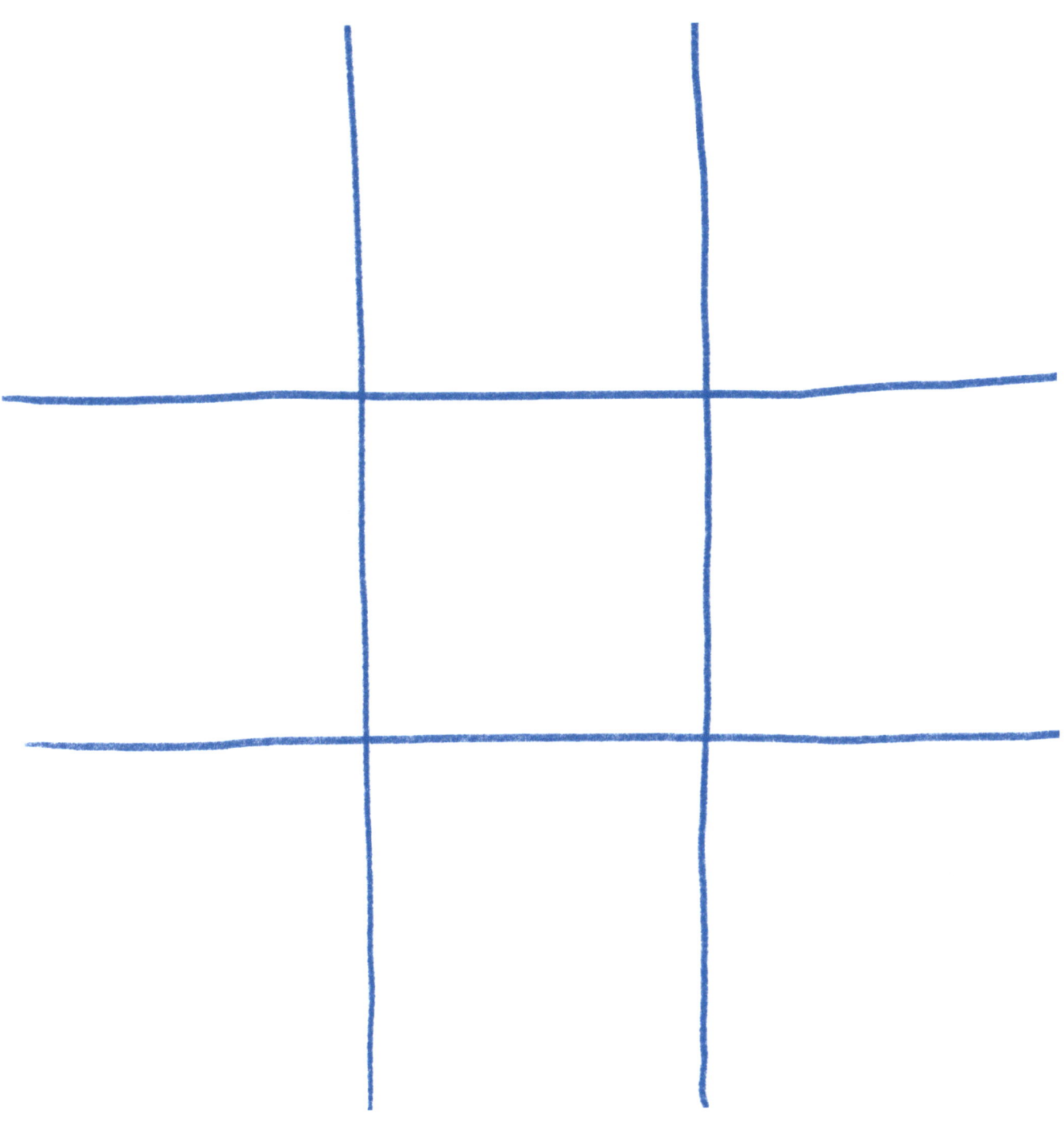

Amigos y amigas

Trata de mostrar en los retratos la personalidad de cada uno de tus amigos y amigas.

Tal vez quieras incluir algo representativo. Puede ser un hobby o algo que les guste mucho como una pelota de fútbol o un helado.

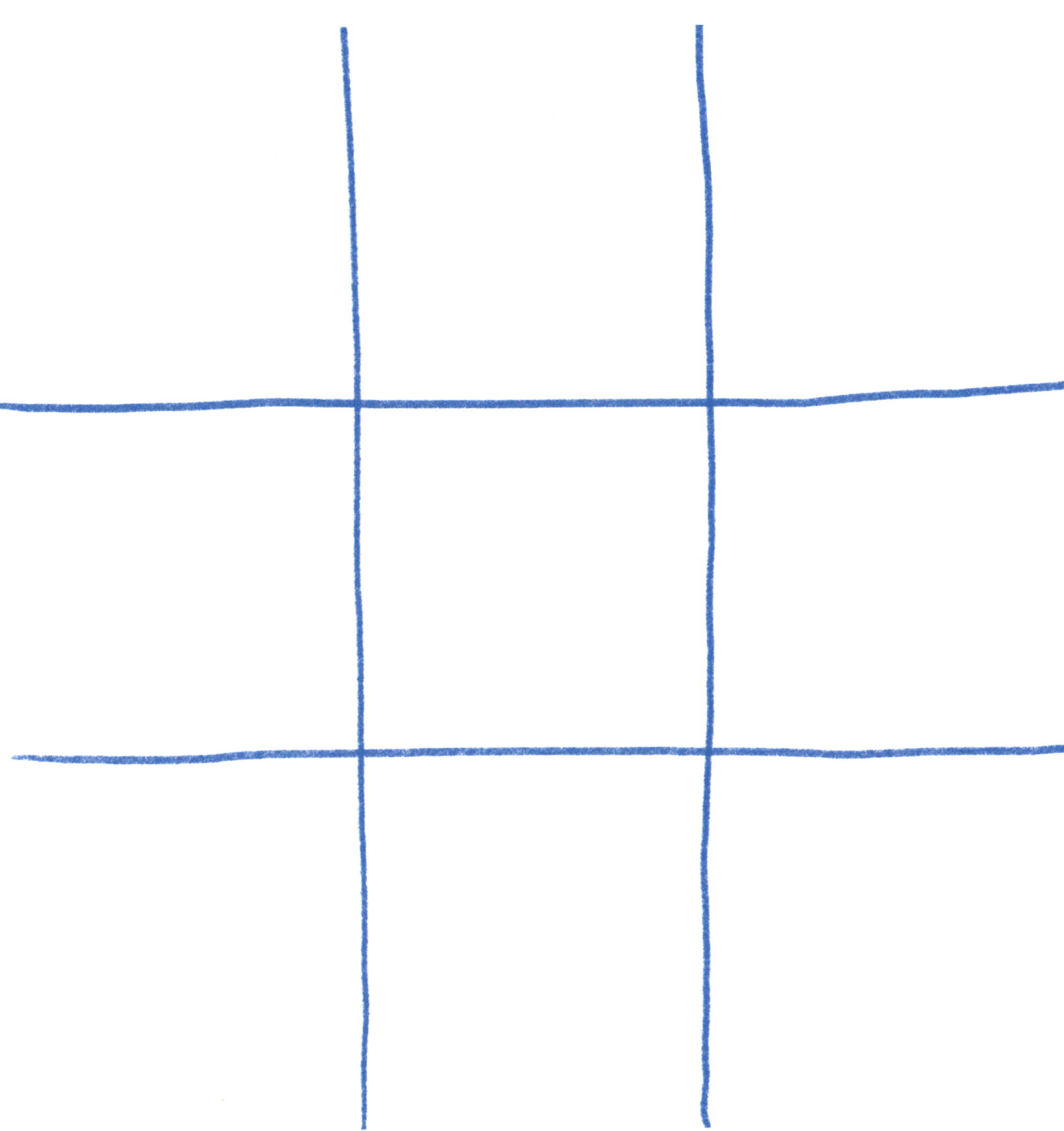

Caras cómicas

Si tienes un espejo,
puedes dibujar autorretratos cómicos.
O divertirte con amigos, amigas y familia.

¿Quién pone la cara más cómica?
¿Puedes capturar sus expresiones locas?

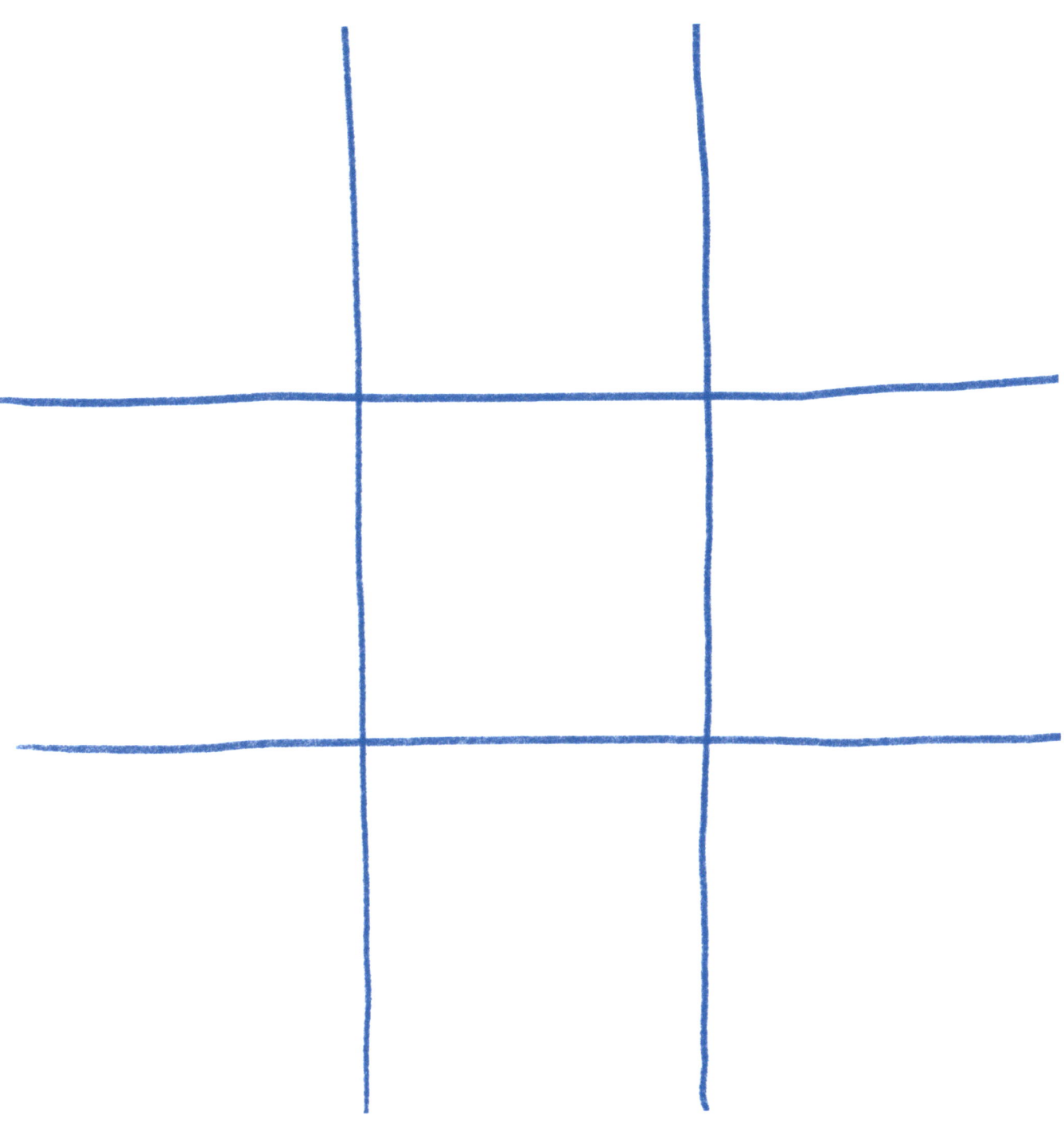

Gente Con Sombrero

Sombreros de invierno
Sombreros de sol
Cascos de seguridad
Sombreros de fiesta
Gorros de Papá Noel

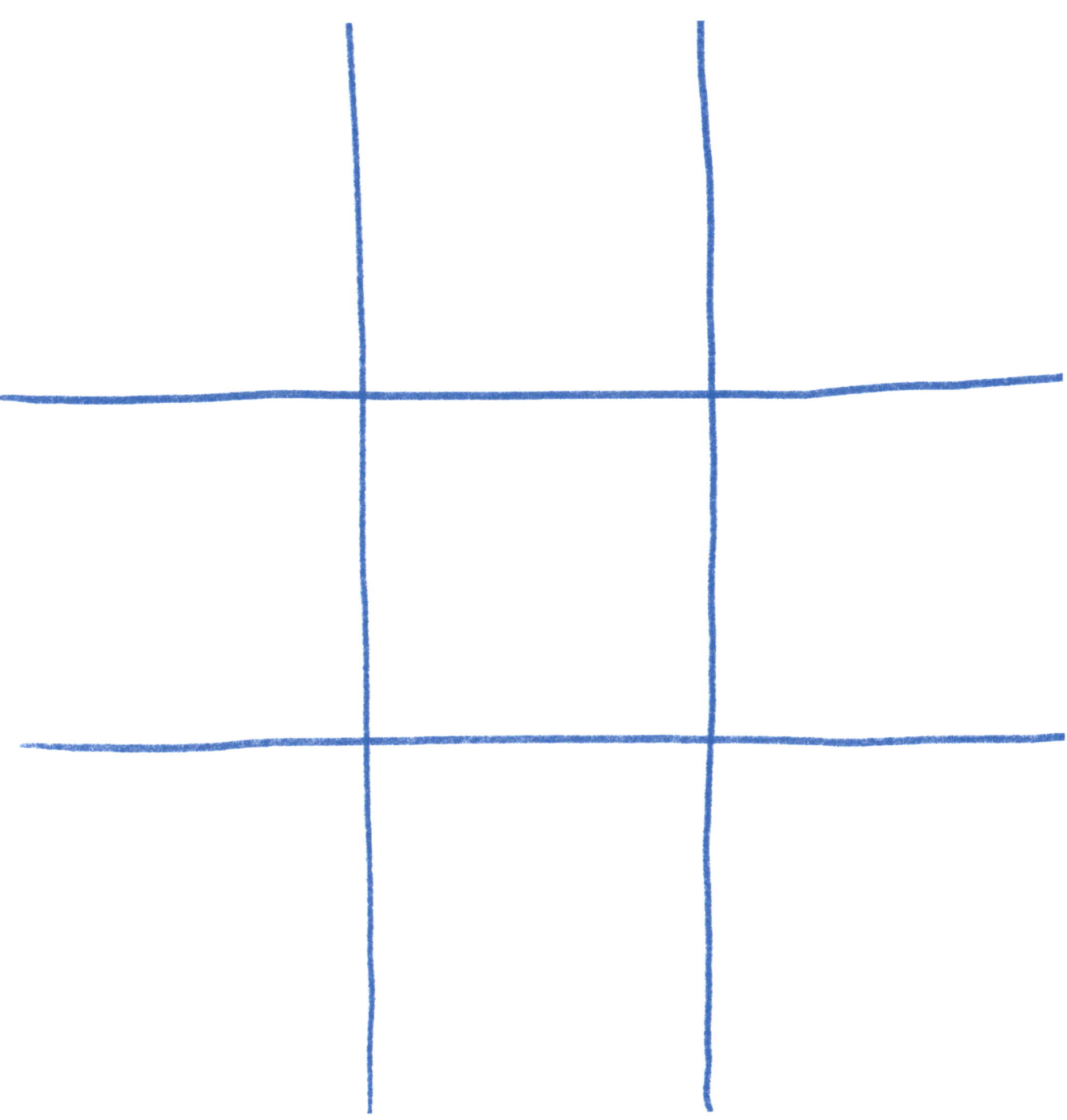

Gente en el trabajo

¿A quién puedes ver trabajando?

¿Una maestra, un asistente en un negocio, un recepcionista, un estilista, una bombero, un repartidor, una enfermera?

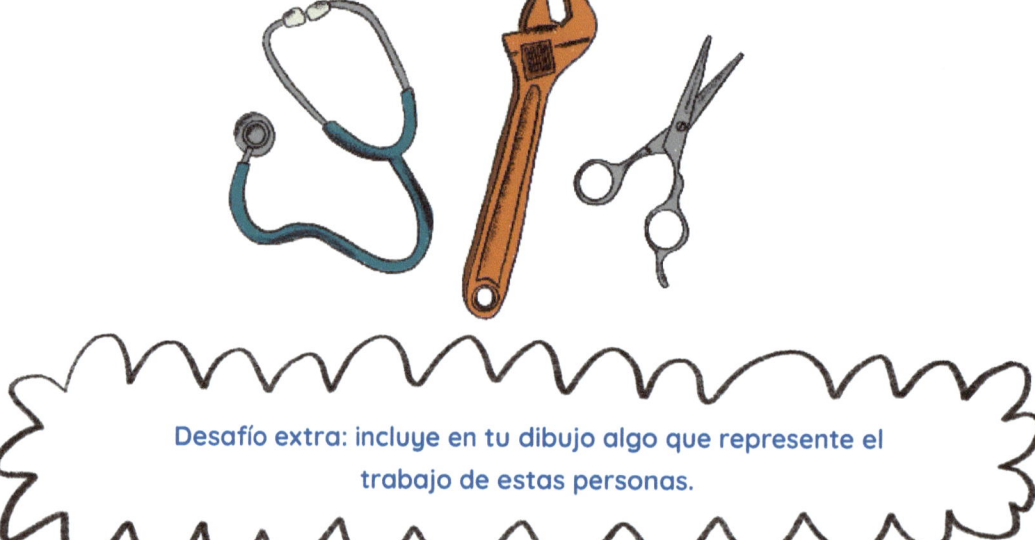

Desafío extra: incluye en tu dibujo algo que represente el trabajo de estas personas.

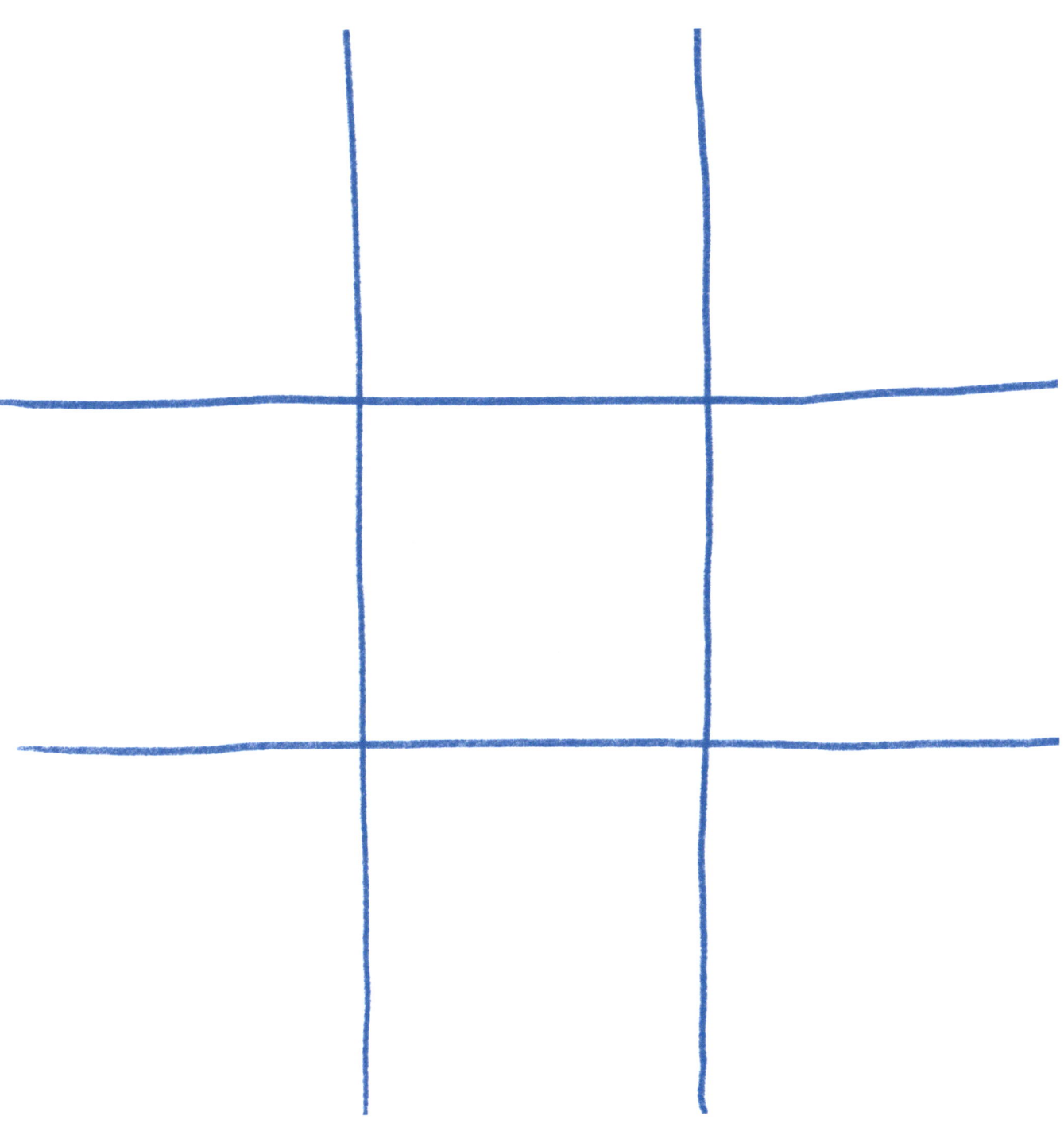

Hacer deporte

¿A cuántos deportes está jugando la gente a la que ves?

¿Están corriendo, andando en bicicleta, nadando, buceando, jugando al fútbol, al tenis, con un aro, bailando, haciendo esgrima, gimnasia, andando a caballo, jugando al baloncesto, al rugby, al jóquey?

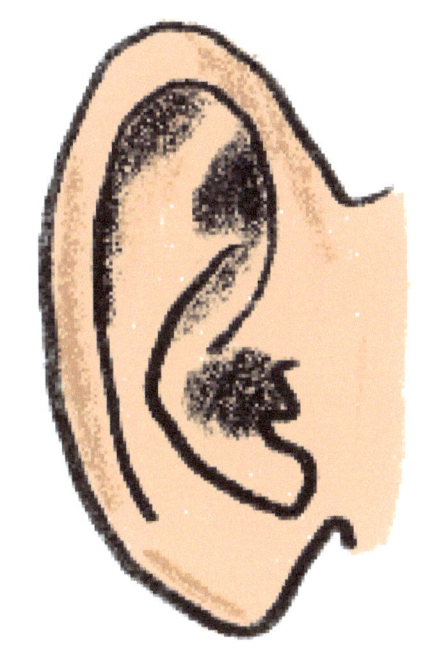

Caras y cuerpos

Ojos

Cuando miras a alguien, lo primero que seguramente notes es el color de sus ojos.

Ahora mira la forma de sus cejas
- ¿Son finas o tupidas? ¿Arqueadas o derechas?
¿O tal vez crecieron tanto que se volvieron una uniceja?
(¿No está de moda ahora?)
¿Tienen pestañas largas y definidas o pequeñas y gruesas?
¿Y cómo son los párpados? ¿Caídos o abiertos?

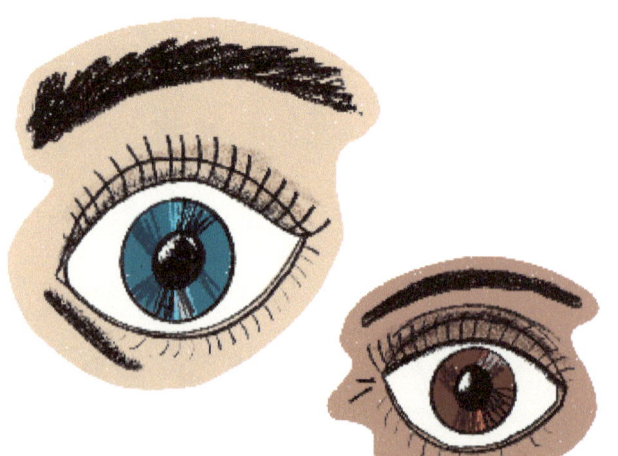

Orejas

Para esta búsqueda del tesoro, necesitas dibujar muchas orejas diferentes, desde orejas de bebés a orejas de personas mayores. Escribe la edad de la persona debajo del dibujo y compáralos luego.

¿Alguna vez te contaron eso de que las orejas nunca paran de crecer? ¡Pues no es tan cierto!

Los huesos paran de crecer, pero las orejas están hechas de cartílago, el cual continúa creciendo y es reemplazado a lo largo de la vida. Pero la principal razón por la que nuestras orejas se agrandan es que nosotros envejecemos, la gravedad hace lo suyo y los lóbulos de nuestras orejas se caen y se vuelven más flácidos.

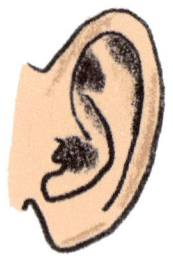

¡No nos molesta si también quieres dibujar orejas de animales!
Molly y Lexi

Narices

Al igual que las orejas, hay cartílago en las narices y es por eso que parece que crecen a lo largo de la vida.

Tal vez necesites lápices de colores ya que algunas narices enrojecen cuando hace frío... ¡o incluso se vuelven azules!

¿Puedes encontrar a alguien con una nariz chata y adorable?

Estilos de Cabello

¿Cuántos estilos diferentes de cabello puedes dibujar?

Largo o corto,

Lacio o enrulado,

Engominado y pegado a la cabeza o hacia arriba en picos

Rosa, verde, negro, marrón o gris.

Manos

¿Puedes dibujar tu mano en nueve poses diferentes?

Sosteniendo un lápiz

Cerrada como un puño

Señalando a algo con un dedo

Con el pulgar hacia arriba o hacia abajo

¡Salúdanos!

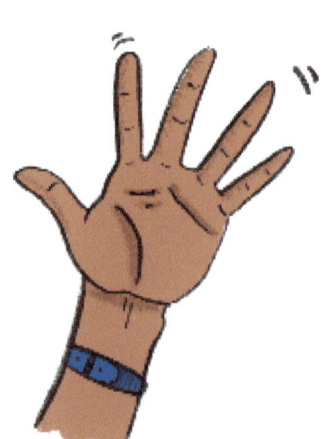
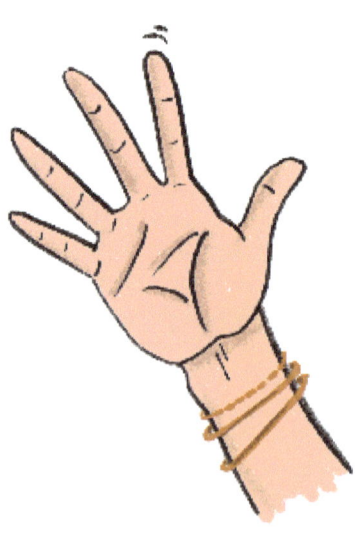

Pies

Los pies en general tienen formas graciosas, con dedos torcidos, curvas y bultos.

¿Puedes dibujar tu pie mientras estás parado sobre una pierna?

¡No te caigas!

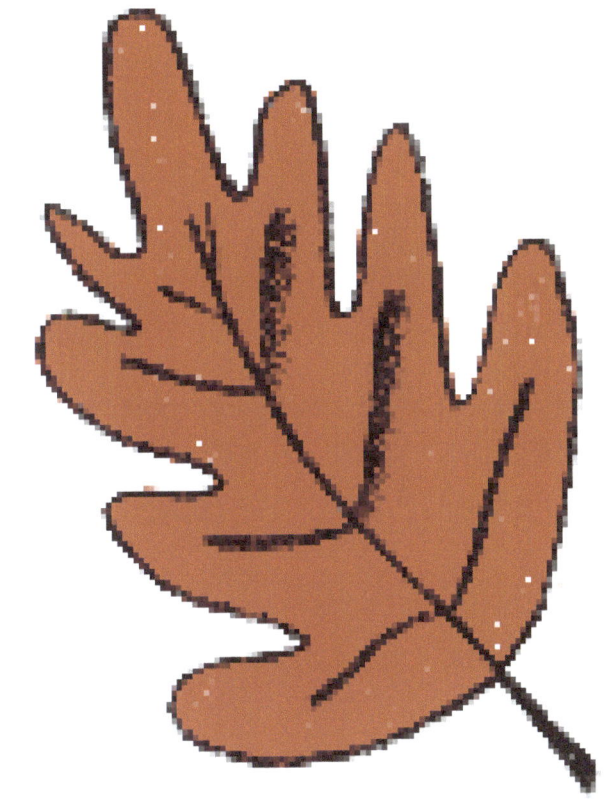

La naturaleza

Hojas

Cada árbol tiene hojas con una forma única.

¿Cuántas formas diferentes de hoja puedes encontrar?
Dibújalas afuera o llévalas a tu casa para dibujarlas luego.
¿Puedes identificarlas? Ponle una etiqueta a cada dibujo con el tipo de árbol del que viene la hoja.

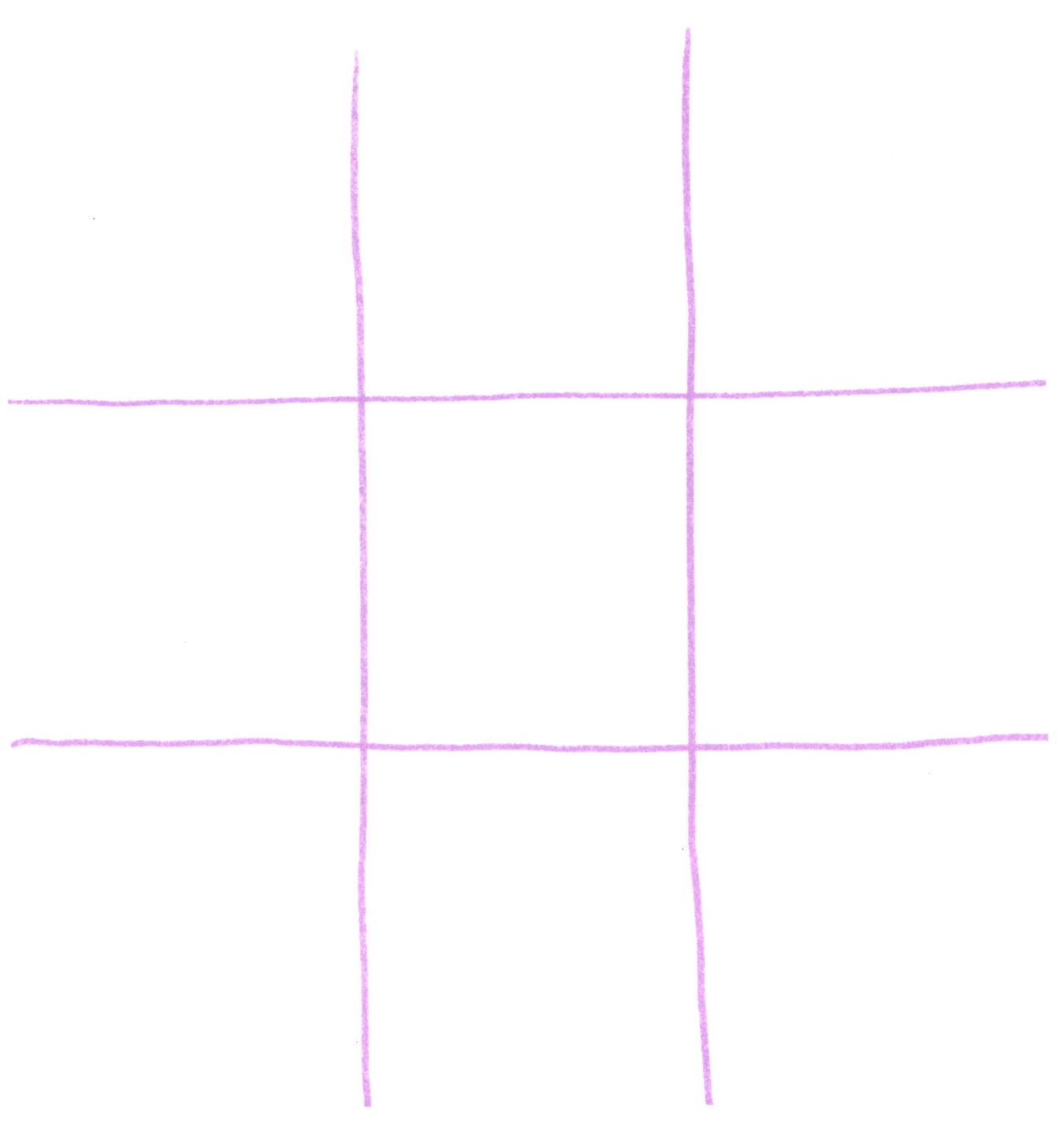

Flores

Puedes hallarlas en un florero, en el parque o en un jardín.

Incluso si te topas con hierbas silvestres, como los cardos, aun así tienen flores hermosas.

Por favor, no arranques flores salvajes, ¡déjalas ahí para que otros las disfruten!

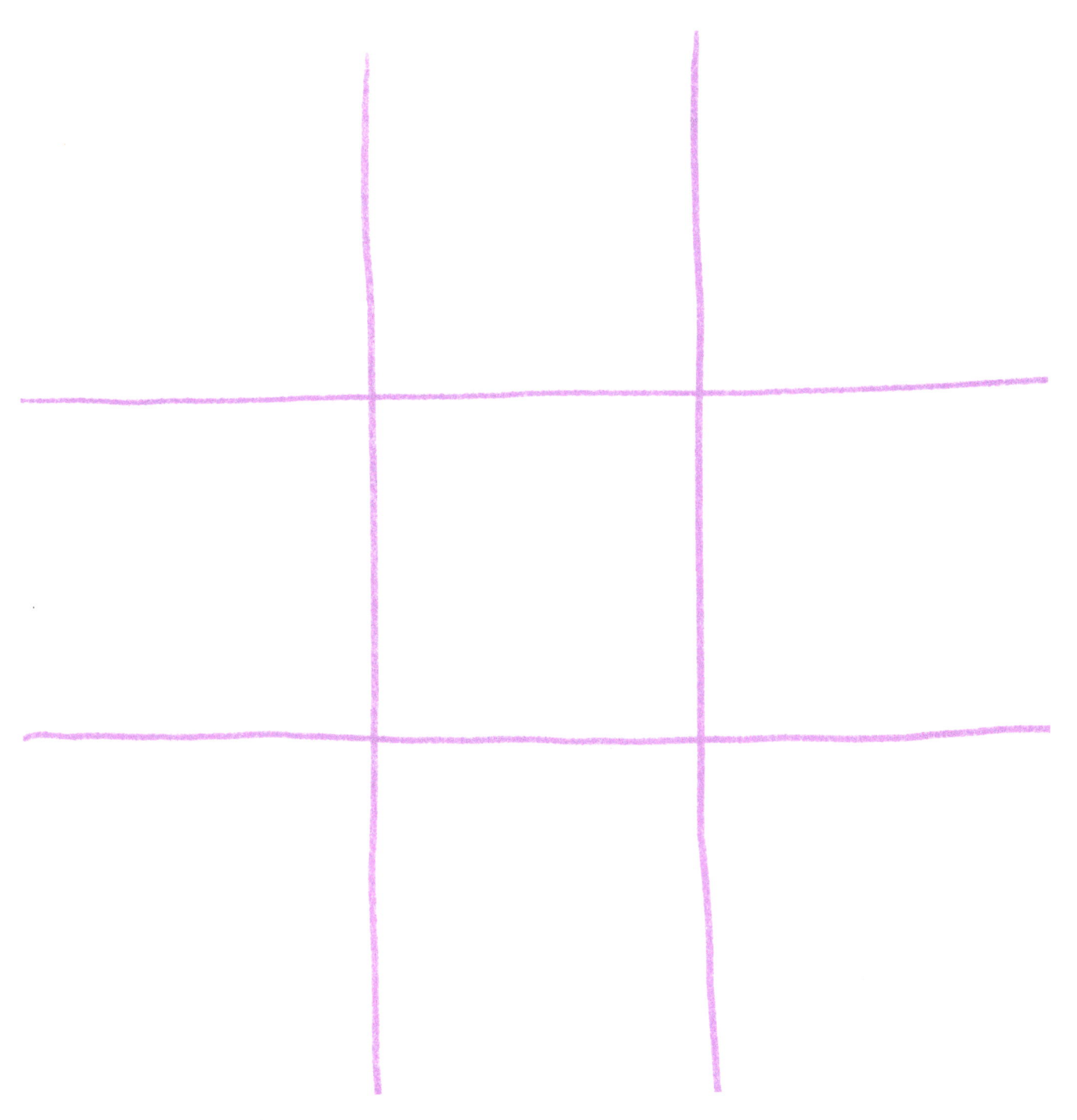

Nubes

Las nubes forman patrones espectaculares y raros.

¿Qué ves en las nubes?

¿Eres capaz de dibujar esas formas locas?

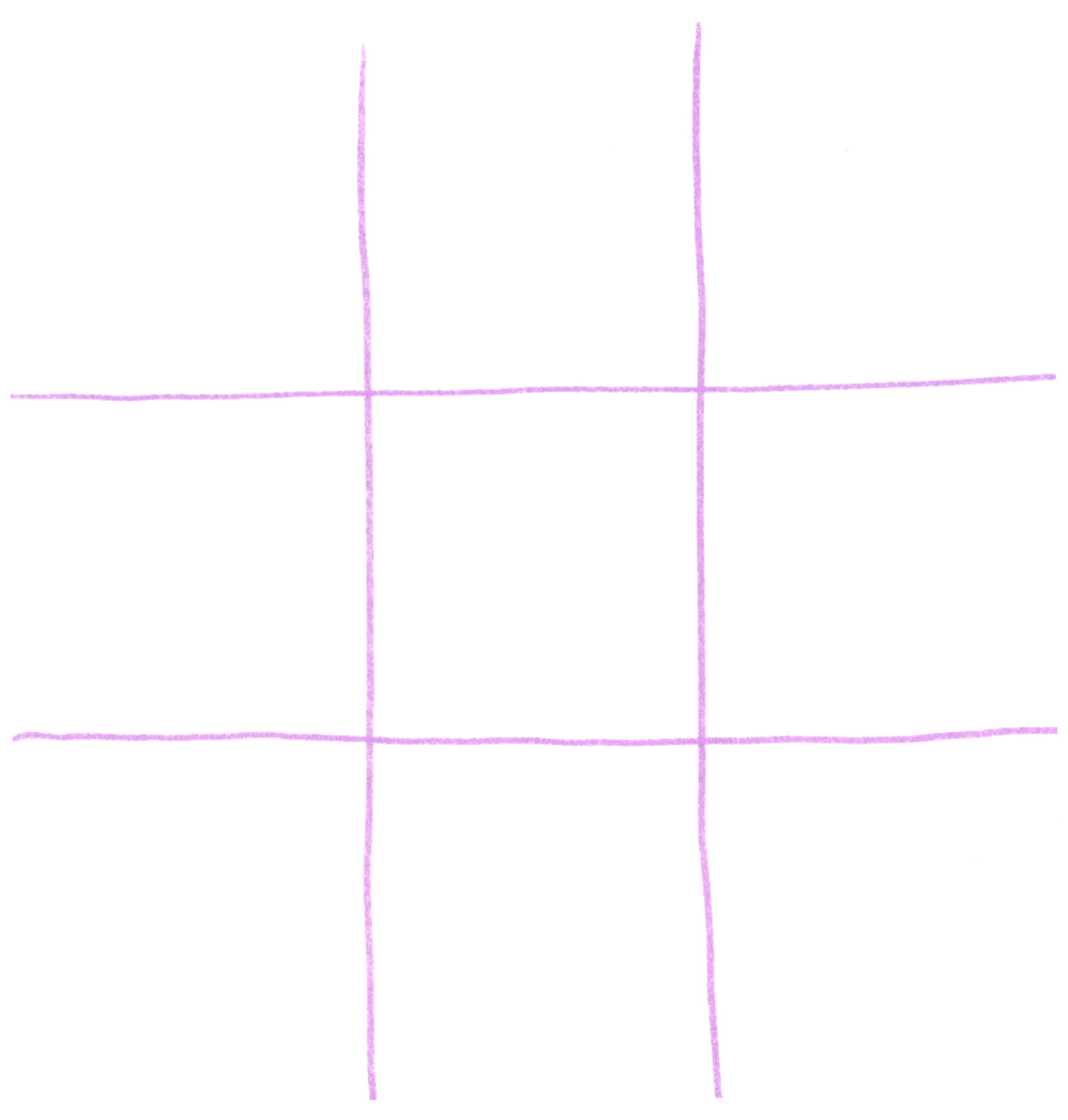

Árboles

¿Cuántos formas y tipos diferentes de árboles puedes encontrar? Aquí te damos algunas ideas:

Álamos altos y delgados

Sauces llorones

Coloridos arces otoñales

Abetos puntiagudos

Abultados baobab

O puedes dibujar un árbol a través de las distintas estaciones.

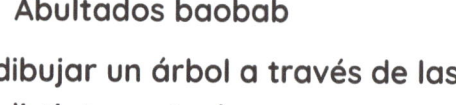

Puntos extra: ¡si encuentras el tocón de un árbol muerto!

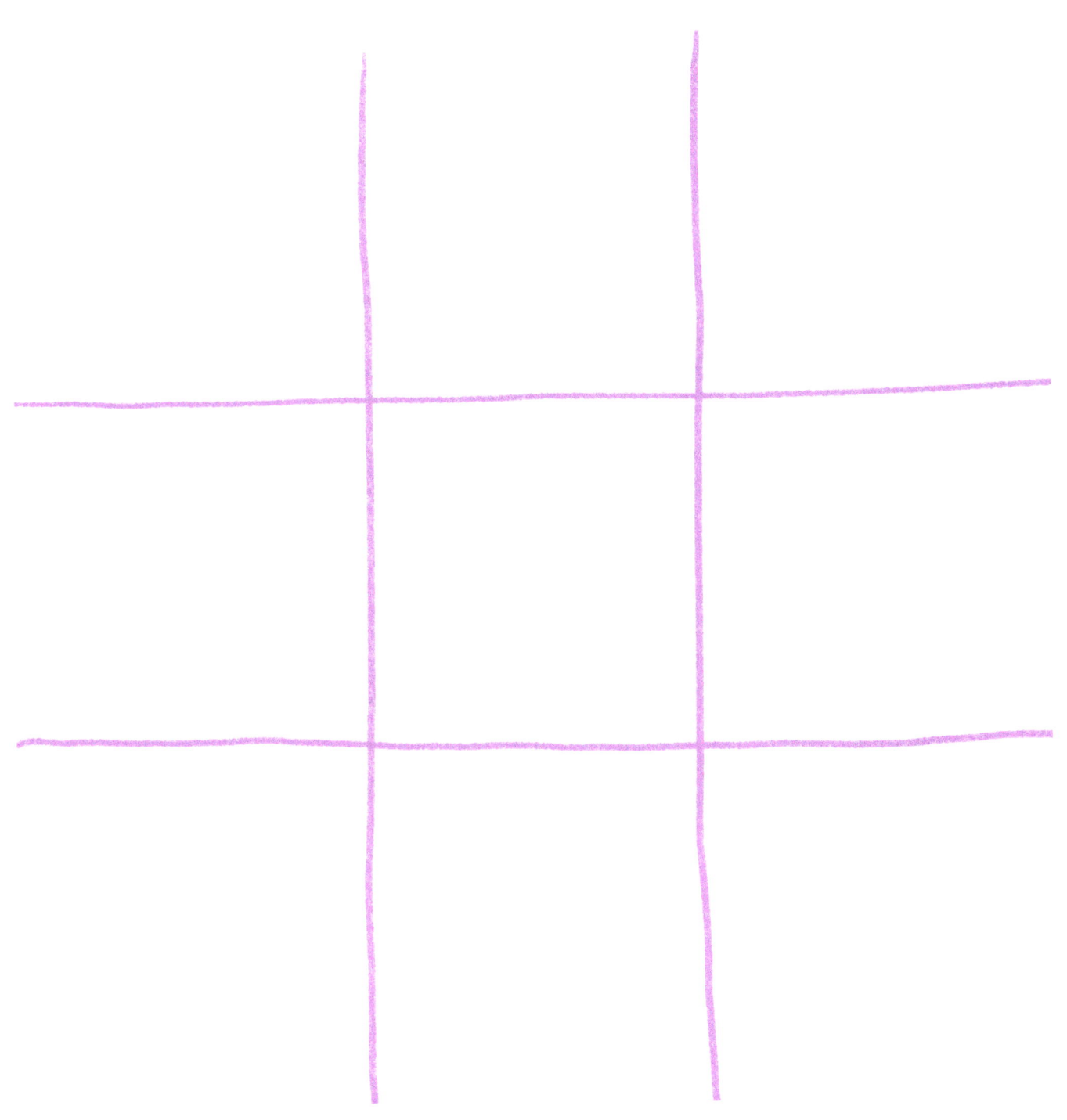

Texturas de las cortezas

Desde retorcidas y nudosas a lisas o con escamas, las cortezas tienen muchas texturas interesantes para dibujar.

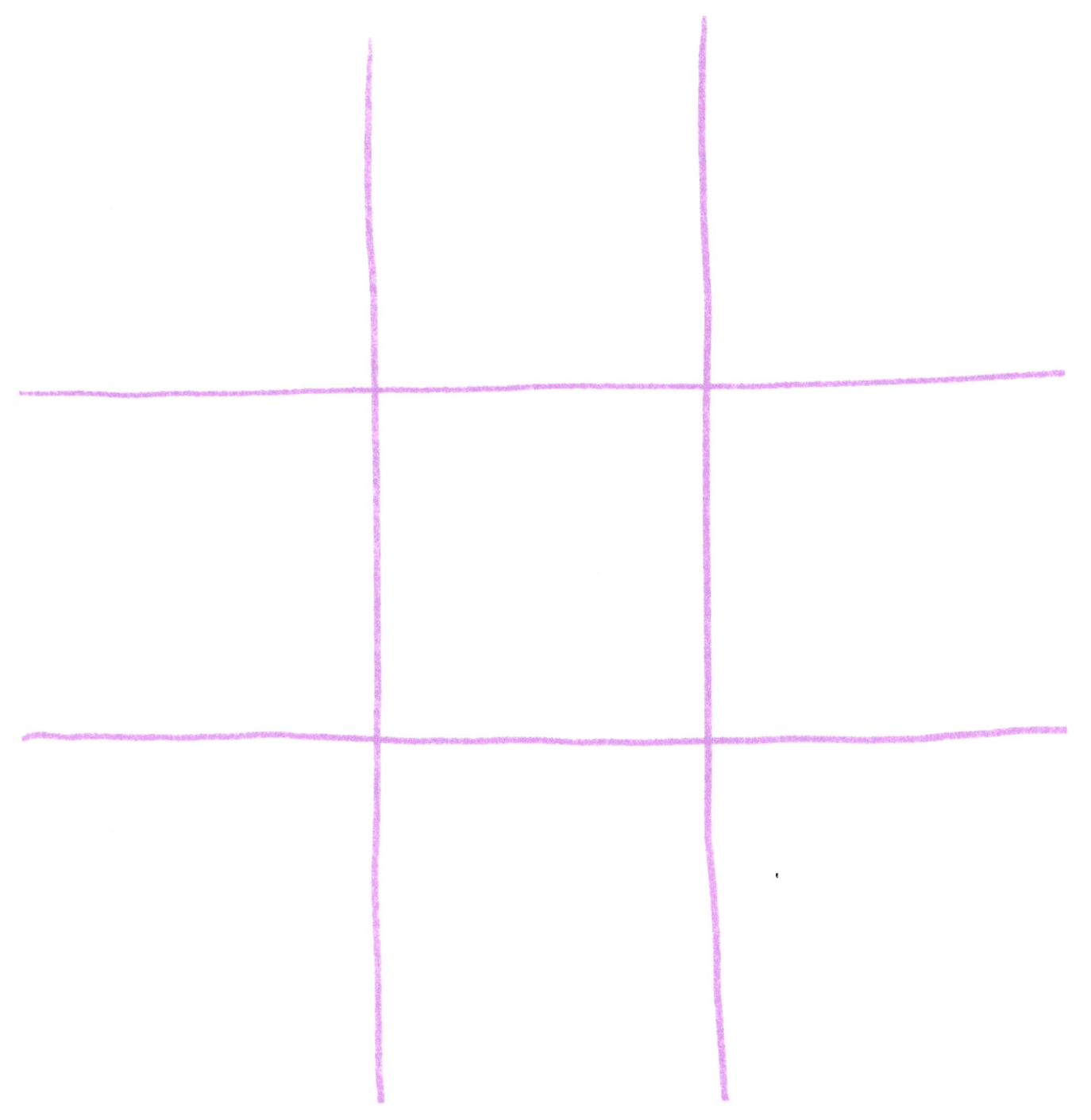

Semillas y pepitas

Cuando vayas a caminar, busca por el suelo castañas o bellotas, siempre que las ardillas no las hayan enterrado todas. ¿Llegas a ver alguna semilla voladora como las alas de sicómoro o los pompones de los dientes de león?

O puedes hacer esta búsqueda del tesoro dentro de casa. La próxima vez que comas una manzana, dibuja el centro. ¿Alguna vez has contado cuántas pepitas tiene una rodaja de sandía?

Abre las alacenas de tu cocina. ¿Semillas de girasol? ¿Semillas de sésamo? ¿Semillas de comino? ¿Granos de pimienta?

Es suficiente para un extraño festín.

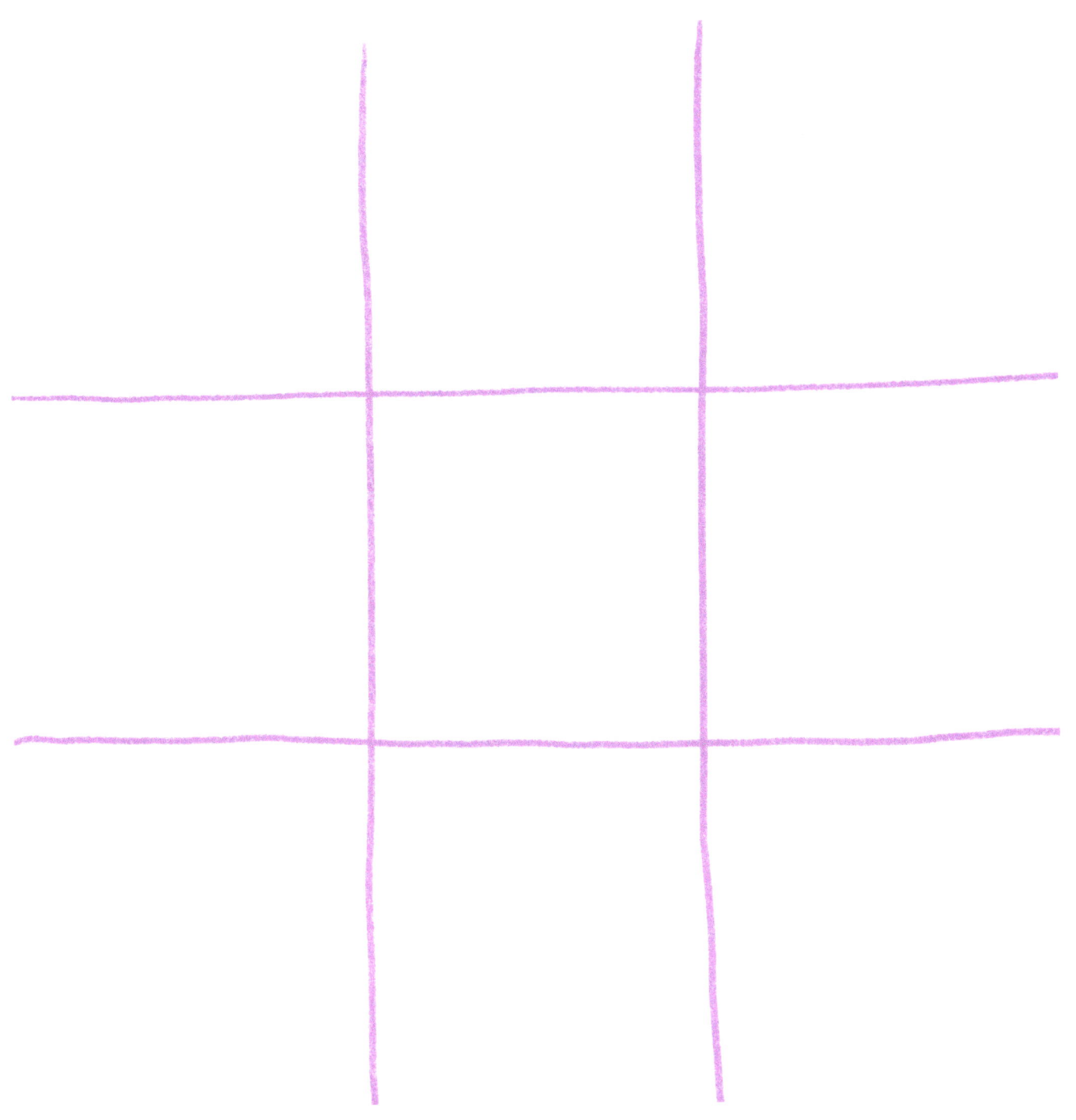

7

Comer

Fruta

En cada estación, se cosechan frutas diferentes.
Piensa en las frutas que se cultivan en tu zona.
Compáralas con frutas exóticas de otros países.

¿Puedes hacer de esta página una fiesta de formas y colores?

Tipos de pasta

Larga, corta, ancha o fina, recta u ondulada...

Cada forma diferente de pasta tiene un nombre especial.
¿Puedes ponerles etiquetas a los dibujos?

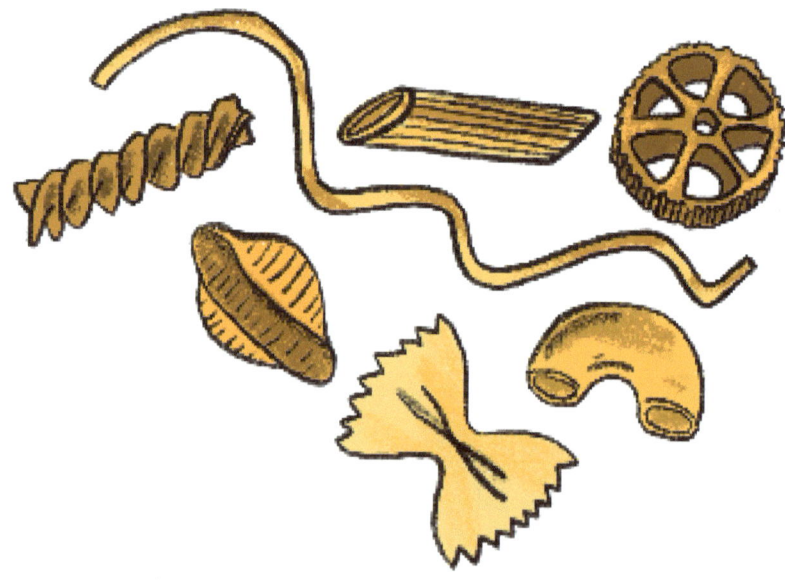

Frutos secos

En su cáscara o fuera de ella, como los copos de nieve, nunca encontrarás dos nueces idénticas.

Si alguien en tu casa es alérgico a algún fruto seco, reemplaza este desafío con una OPCIÓN LIBRE.

Escribe tu tema alternativo aquí.

. . . .

Paquetes y empaquetados

Escribe debajo de cada uno si es reciclable o no.

Cereales para el desayuno

Chatos, redondos, irregulares, en hojuelas. Esta búsqueda del tesoro es sobre formas y texturas.

Lo admitimos: ¡nos gusta comer cereales en cualquier momento del día!
Lexi y Molly

Dulces y caramelos

¿Te has fijado en que puedes reconocer un dulce por su envoltorio?

Tantos dulces y tan malos para nuestros dientes.
¿Cuántos dulces y envoltorios diferentes puedes encontrar?

Advertencia:
No te los comas todos al mismo tiempo. ¡Y cepilla tus dientes!

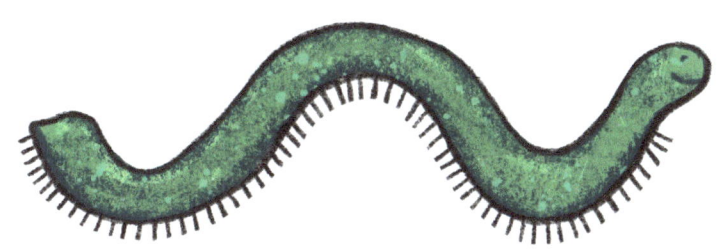

Aves, insectos y animales

Perros

¿Cuántas razas de perros puedes encontrar?

Pon etiquetas para cada perro con su nombre y su raza.

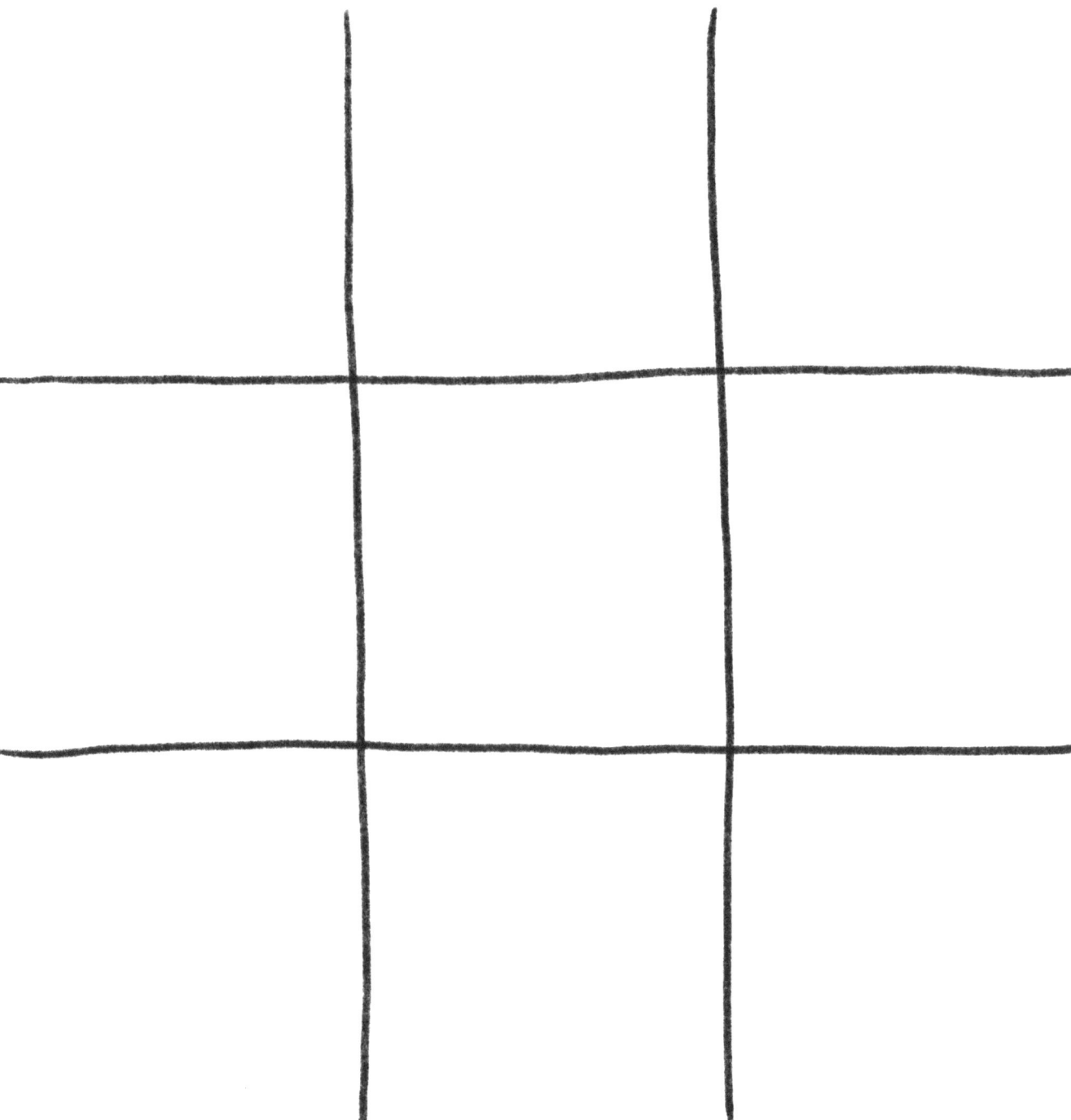

Gatos

¿Has leído alguno de los poemas de El libro de los gatos habilidosos del viejo Possum de T.S. Eliot? ¡Son muy divertidos!

P.S. ¡Atención a los gatitos adorables – no caigas en su hechizo!

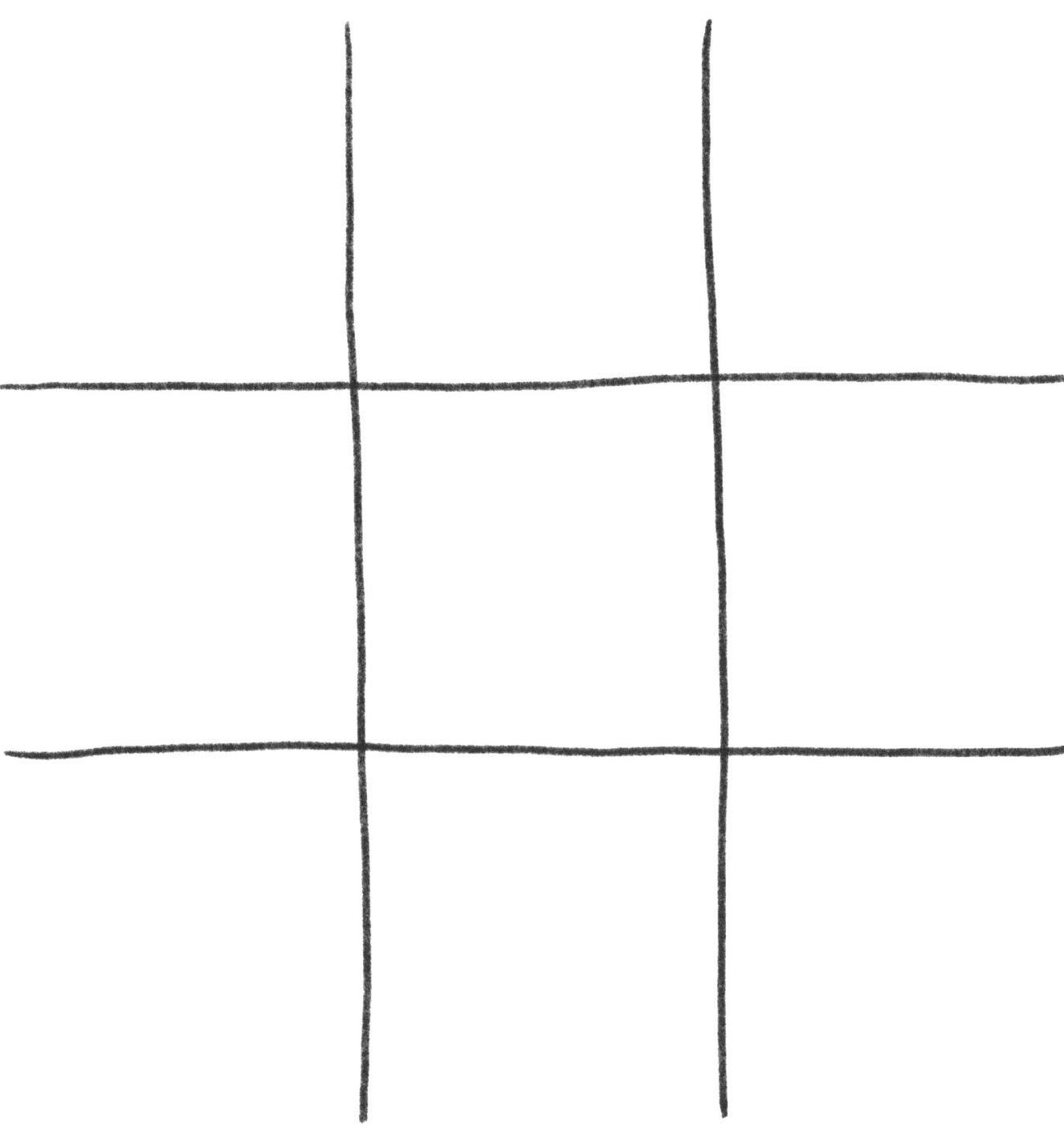

Aves

Para completar este desafío, fíjate cuántos tipos diferentes de aves puedes encontrar.

Necesitarás dibujar rápido, porque no se quedan quietas por mucho tiempo.

¿Tienes un comedero de pájaros?

Incluso si no tienes un jardín o un balcón, puedes conseguir uno que se pegue a la ventana con ventosas.

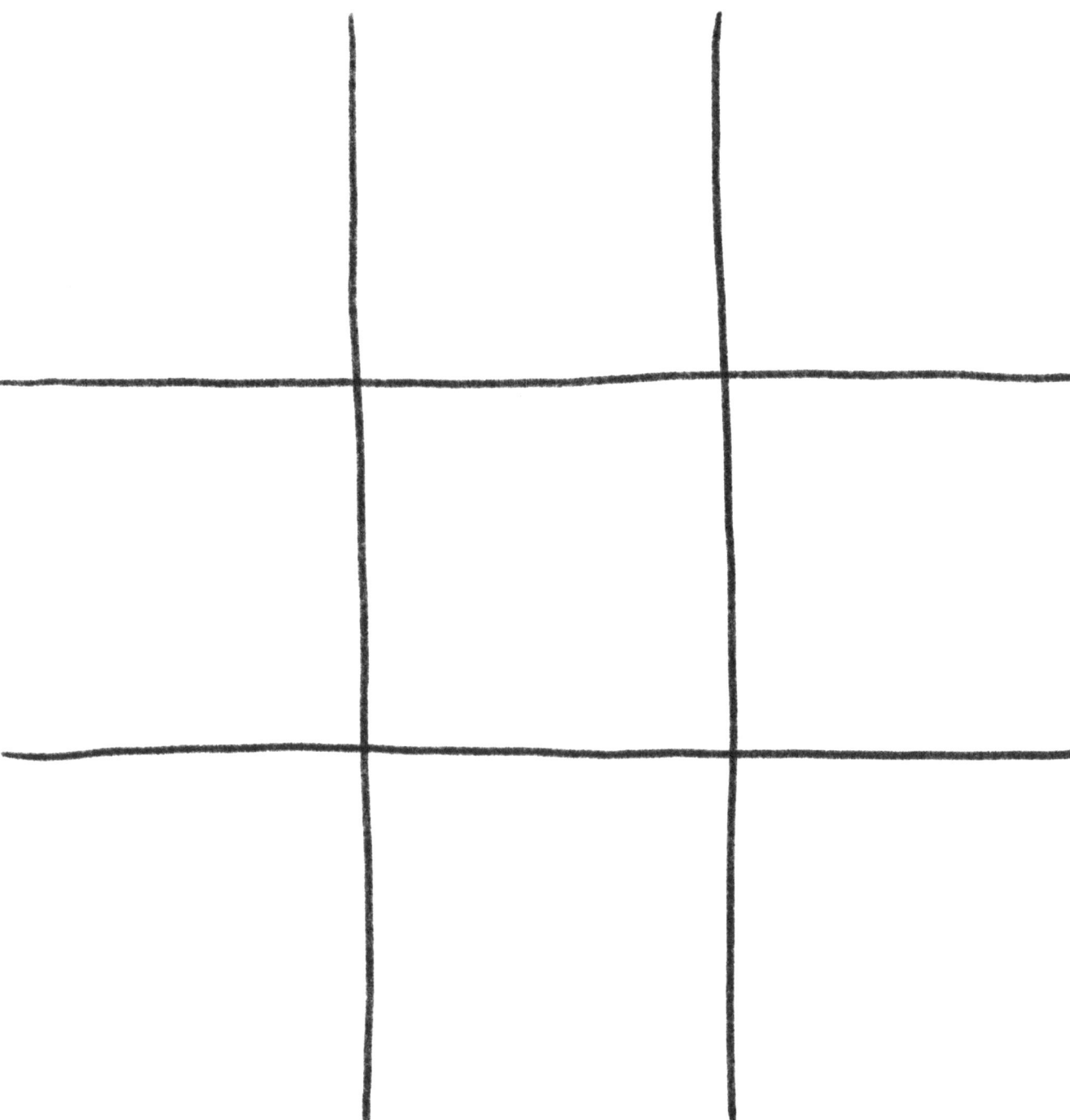

Insectos

¿Bellos o feos? ¿Amigables o irritantes?

Moscas, abejas, avispas, jejenes, libélulas, mariposas.
Todos tienen un rol vital en nuestro ecosistema.

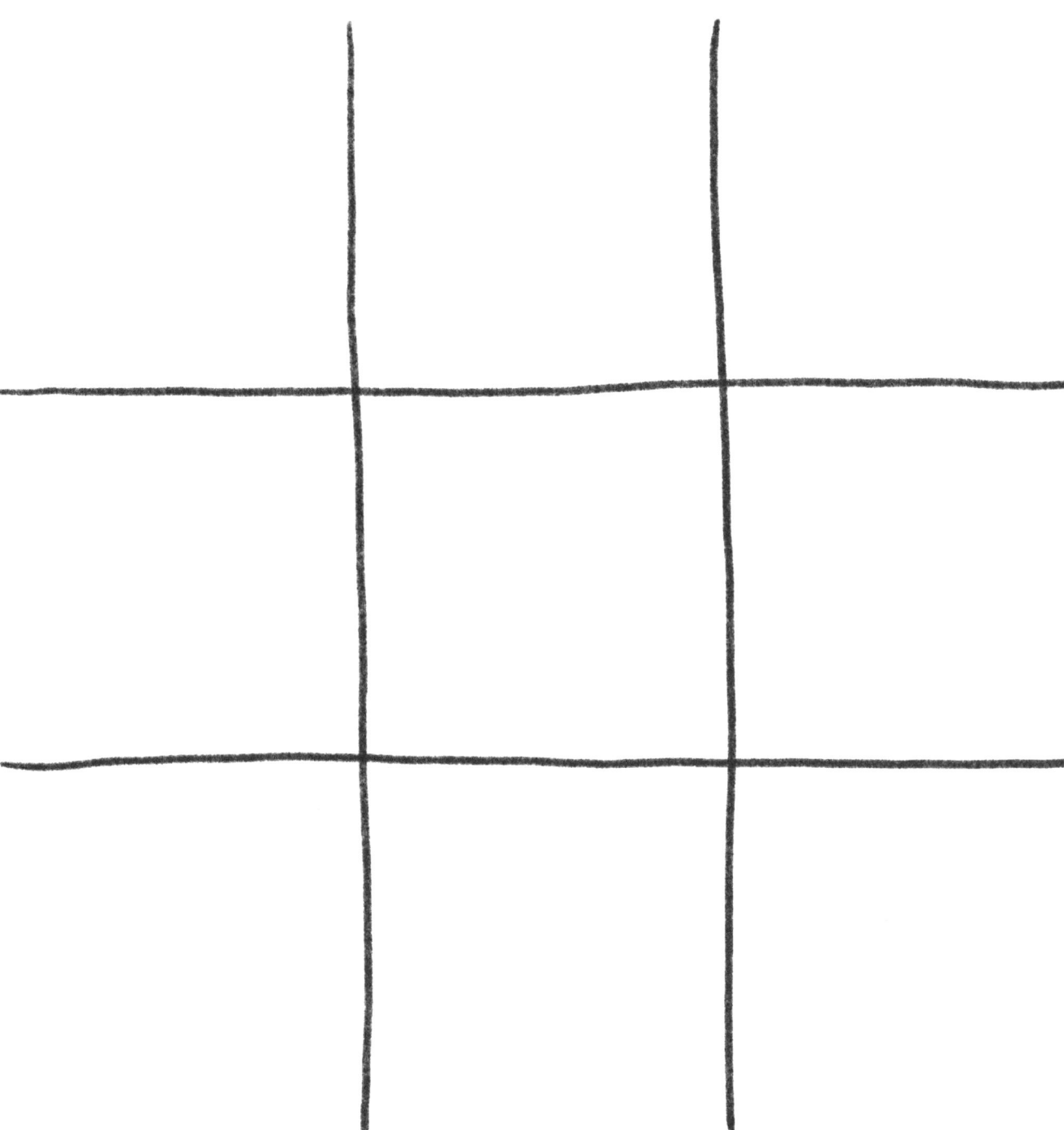

Bichos que dan calosfríos

Gusanos y arañas,
escarabajos y chinches,
babosas y caracoles.

¿Puedes encontrar uno que sea multicolor?

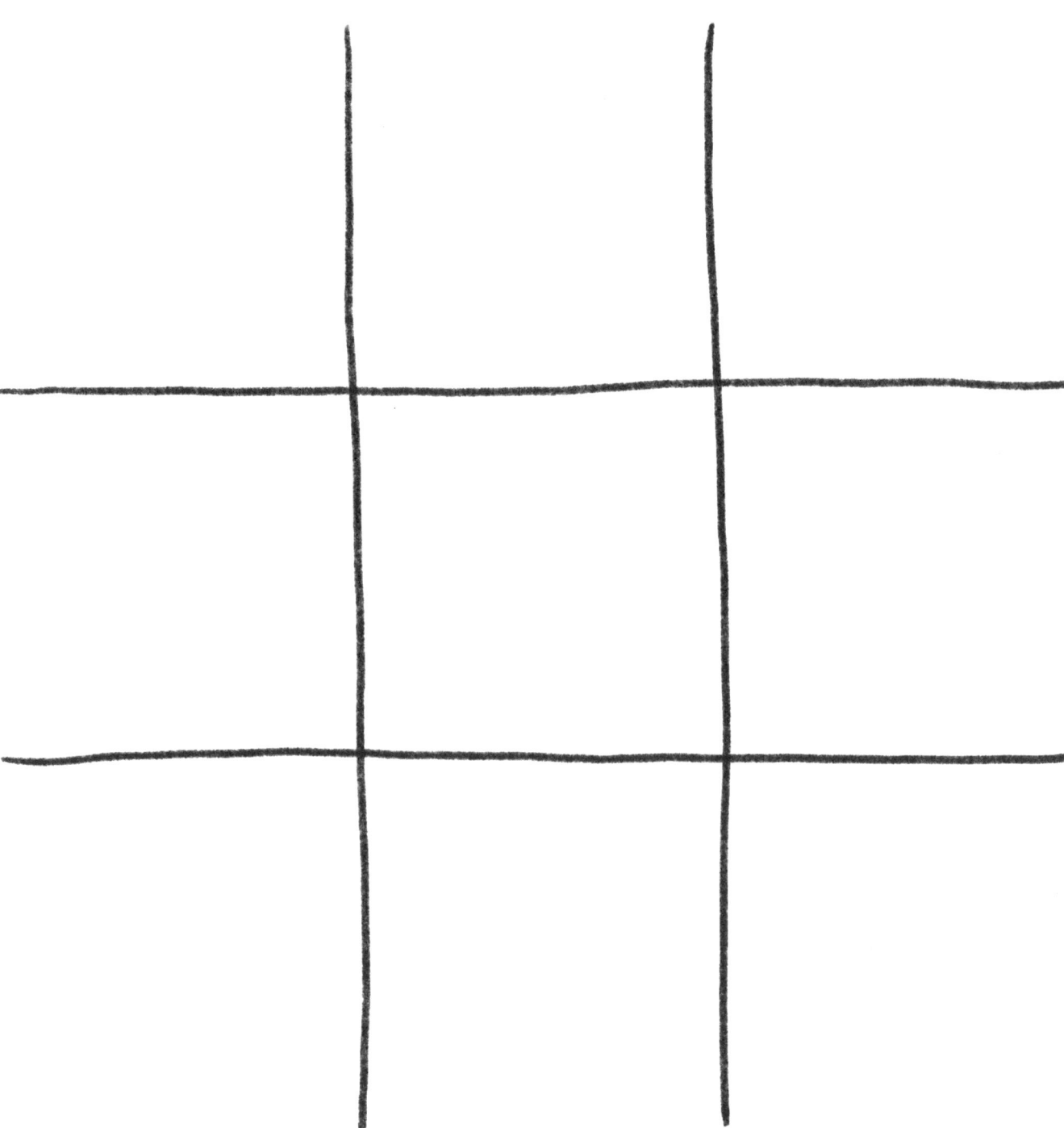

Otros animales

¿Qué otros animales puedes ver?

Depende de dónde vivas – no hay muchos elefantes en Inglaterra u osos polares en México.

www.ingramcontent.com/pod-product-compliance
Lightning Source LLC
Chambersburg PA
CBHW040024130526
44590CB00037B/91